中学入試 まんが攻略BON!

社会

歴史年代暗記

Gakken

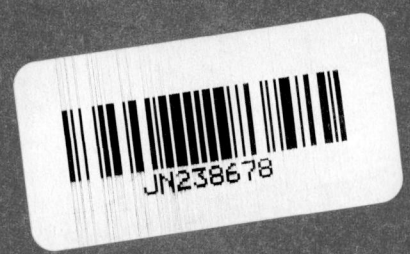

もくじ

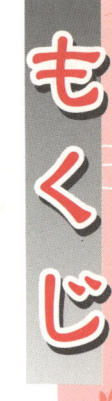

第3章 武士《ぶし》の世のなか

第4章 開国と明治《めいじ》の世のなか

第5章 二つの大戦とその後の日本

この本の使い方

重要年代を覚えて中学入試対策はOK!!

ここに出ている
年代早覚え を
暗記しよう。

まんがを読むと,
できごとの内容《ないよう》が
よくわかるよ。
まんがのなかに
出てくる
年代早覚え も
いっしょに
覚えちゃおう。

章《しょう》の最後にある
「時代のまとめ」や
「スピードチェック」
も活用しよう。

年代早覚え　　飛鳥時代

59　3
国民《こくみん》歓迎《かんげい》 太子《たいし》の摂政《せっしょう》

593《こくみん》年

聖徳太子《しょうとくたいし》が摂政となる。
聖徳太子が摂政となって，十七条《じゅうななじょう》の憲法《けんぽう》や冠位十二階《かんいじゅうにかい》を定め，仏教《ぶっきょう》を重んじた天皇《てんのう》中心の政治《せいじ》をめざした。

▼年代早覚えのおもなやくそくごとだよ

❶「一（いち）」	→いち，い，いつ，いん，いき
「一（ひと）つ」	→ひとつ，ひと，ひ，ひー，ぴ，び，ひとり
「十（とう・じゅう）」	→とう，と，どう，ど，とっ，じゅう，とお
「千（せん）」	→せ，せん
❷「二（に）」	→に，にん
「二（ふた）つ」	→ふ，ふた
❸「三（さん）」	→さん，さ，ざん，さっ，ざ
「三（みっ）つ」	→み，みん
❹「四（し，よん）」	→し，じ，しょ
「四（よっ）つ」	→よ，よう
❺「五（ご，いつつ）」	→ご，ごう，こ，こり，い
❻「六（ろく）」	→ろ，ろう，ろっ
「六（むっ）つ」	→む
❼「七（なな）つ」	→な，なん，なり，なっ
❽「八（はち）」	→はち，はん，ば，ばん，ばつ，ぱ，わ
「八（やっ）つ」	→や
❾「九（きゅう・く）」	→く，くる，くり，きゅう，ぐ
⓿「0（れい）」	→れい，れ，り
「○（マル）」	→まる
「O（オー）」	→お，おう，を

まんがのまわりのマークにも注意しよう

主要人物紹介《しょうかい》
歴史に出てくる有名な人物についての説明《せつめい》だよ。年代といっしょに覚えちゃおう。

関連事項《じこう》
年代に関係《かんけい》あることがらだよ。できごとの内容を確認《かくにん》するのに役立つよ。

重要用語
たいせつなことばだよ。まんがの中に出てきているよ。

くわしく
少しくわしい内容を説明しているよ。

参考
知っていると役に立つよ。

第1章 大昔から貴族《きぞく》の世のなかへ

年代暗記 16

年代早覚え　　弥生時代

こ《5》んな《7》金印《きんいん》 ほしかった倭《わ》

こんな
57年

倭の奴国《なのくに》の王が金印をさずかる。

倭(日本の昔のよび名)の奴国という国の王が，中国《ちゅうごく》にあった後漢《ごかん》の光武帝《こうぶてい》に使いを送り，金印をさずかった。

1世紀《せいき》ごろ倭は100あまりの小国に分かれていた。
海をわたった大陸に漢という政治《せいじ》のしくみや文明が発達した豊かな国があるそうじゃ。
漢
わが国もその文明の恩恵《おんけい》を受けようと思う。
そなた、使者として行ってこい！
ははっ。
57年、奴国の王は漢に使者を送った。

主要人物紹介《しょうかい》

光武帝《こうぶてい》(紀元前《きげんぜん》6～後57年)…漢《かん》王朝を再興《さいこう》した後漢《ごかん》の初代皇帝《こうてい》。王莽《おうもう》が前漢をほろぼして新《しん》を建てたが、重税と悪政に対して反乱がおこり、挙兵《きょへい》した劉秀《りゅうしゅう》が新に勝利し、皇帝の位について光武帝となった。奴国《なのくに》の使者に金印をさずけた。

重要用語

倭《わ》…このころの中国では，日本のことを倭，日本人のことを倭人とよんでいた。
奴国《なのくに》…1～3世紀，福岡県博多湾《ふくおかけんはかたわん》付近にあった国。『後漢書《ごかんじょ》』東夷伝《とういでん》に記述がある。

関連事項《じこう》

中国の歴史書に書かれた日本…前漢《ぜんかん》の歴史書『漢書《かんじょ》』地理志《ちりし》に、1世紀ごろの倭（日本）は100あまりの国に分かれていたとある。また、『後漢書《ごかんじょ》』東夷伝《とういでん》には、57年に奴国の王が後漢に使者を送り、皇帝《こうてい》から「漢委奴国王《かんのわのなのこくおう》」といわれる金印をもらったと書かれている。

倭国の使者よ、はるばるご苦労。
そして後漢の光武帝《こうぶてい》から金印をさずかった。
おおっ
年代早覚え
こんな金印ほしかった倭
志賀島《しかのしま》
北九州《きたきゅうしゅう》
福岡《ふくおか》
佐賀《さが》
時は流れて江戸《えど》時代の18世紀後半・・・・
志賀島の百姓《ひゃくしょう》甚兵衛《じんべえ》さんが・・・・
ん!? なんじゃ?
ピカ ピカ
金じゃ、金印じゃ。
!?
なんでこんな所に金印があるんじゃっ!
この金印が奴国の王のものだといわれている。

重要用語

漢《かん》…中国の統一王朝で，前漢《ぜんかん》（紀元前 202 ～紀元後 8 年）と後漢《ごかん》（25～220年）がある。

金印《きんいん》…一辺が2.3㎝で，「漢委奴国王《かんのわのなのこくおう》」とほられている。委《わ》とは倭《わ》（日本）のこと。

年代早覚え　弥生時代

23　9
文《ふみ》くださいね 卑弥呼《ひみこ》より

239《ふみく》年

卑弥呼が魏《ぎ》に使者を送る。

邪馬台国《やまたいこく》(3世紀，日本にあった国)の女王卑弥呼が，中国《ちゅうごく》の魏という国に使いを送り，銅鏡《どうきょう》などを受け取った。

そのころの倭国《わこく》は、多くの国々に分かれてたがいにはげしく争っていた。
争いはいつまでも続き人々はつかれはてた。
このままでは共《とも》だおれじゃ。
そこで、それぞれの国の王たちが話し合った。
女王を立てたらどうだ？
邪馬台国にすぐれた巫女《みこ》がおるが……
いいね！
こうして卑弥呼が女王になった。
そして30余《よ》国を従《したが》え、争いはやみ平和になった。
卑弥呼

主要人物紹介《しょうかい》

卑弥呼《ひみこ》(2〜3世紀《せいき》)…邪馬台国《やまたいこく》の女王。『魏志《ぎし》』の倭人伝《わじんでん》によると、巫女《みこ》(神につかえる女性)のような性格をもち、うらないやまじないで政治《せいじ》を行った。夫はなく、弟が政治を助けた。1000人あまりの召使《めしつか》いを従《したが》え、めったに人前に姿を見せなかったという。

参考

『魏志《ぎし》』の倭人伝《わじんでん》…『魏志』は三国《さんごく》時代(魏《ぎ》・呉《ご》・蜀《しょく》)の歴史書『三国志』の一部で，魏について記述《きじゅつ》した部分。邪馬台国《やまたいこく》のようすなど日本に関するものが倭人伝《わじんでん》。

開運事《じ》項《こう》

むらからくにへ…米づくりが始まると貧富《ひんぷ》の差が生まれ、米づくりなどの共同作業や祭り、戦いなどを通じて指導者《しどうしゃ》(支配者)が現《あらわ》れ、身分の差が生まれた。有力なむらが弱いむらを従《したが》えて勢力《せいりょく》を広げていき、やがて小さなくに(国)ができていった。

この平和が長く続くように……
魏に支援《しえん》を求めよ。
年代早覚え
文《23》く《9》ださいね
卑弥呼より
……と唐突《とうとつ》なお告《つ》げじゃ。
239年卑弥呼は魏に使者を送った。
倭の使者よはるばるご苦労。
卑弥呼に親魏倭王《しんぎわおう》の称号《しょうごう》をあたえよう!
魏の皇帝《こうてい》はたくさんの織物《おりもの》や銅鏡《どうきょう》などを使者に持たせた。
親魏倭王とほられた金印《きんいん》もありますぞ!
よーし、もっとお手紙書いちゃうぞ!
その後も「文くださいね卑弥呼より」と両国の間で使者のやりとりがあった……ようである。

くわしく

邪馬台国《やまたいこく》の位置…『魏志《ぎし》』の倭人伝《わじんでん》には邪馬台国への道順が記述されているが，その場所は現在も特定できていない。大和《やまと》(奈良県)説と北九州説が有力。

●年代早覚え 古墳時代

百済《ペクチェ》《くだら》の仏《ほとけ》に ご参拝《5 3 8》《さんぱい》

538《ごさんぱい》年

百済から仏教《ぶっきょう》が公式に伝わる。

百済（朝鮮《ちょうせん》半島にあった国）から，仏教の経典《きょうてん》や仏像《ぶつぞう》がおくられ，日本に仏教が公式に伝えられた。

欽明天皇《きんめいてんのう》
百済の聖明王《せいめいおう》から釈迦仏《しゃかぶつ》の金銅像《こんどうぞう》や経典がおくられてきた……。
仏教すう拝《はい》には大きなご利益《りやく》があるそうじゃ。
すばらしい！
ふんっ。
わが国もまつるべきだろうか？
仏教は多くの国々で信仰《しんこう》されているそうです。わが国でもぜひ。
●年代早覚え
百済の仏に
ご参拝《5 3 8》
——といきましょう！
蘇我稲目《そがのいなめ》

主要人物紹介《しょうかい》

蘇我氏《そがし》…大和政権《やまとせいけん》（大和朝廷《ちょうてい》）で財政《ざいせい》を担当《たんとう》した有力豪族《ごうぞく》。渡来人《とらいじん》との関係が深く，仏教を積極的に受け入れようとした。反対する物部氏《もののべし》と対立し，蘇我馬子《そがのうまこ》が物部氏をほろぼした。馬子・蝦夷《えみし》・入鹿《いるか》の時代が全盛期だったが，大化の改新で蝦夷・入鹿親子がほろぼされた。

重要用語

百済《ペクチェ》《くだら》…朝鮮《ちょうせん》半島の南西部にあった国。日本と結びつきが深く，仏教《ぶっきょう》を公式に伝えた。

仏教…紀元前6世紀ごろ，インドでシャカが開き，アジアの各地に広まった。

主要人物紹介《しょうかい》

物部氏《もののべし》…大和政権《やまとせいけん》で軍事を担当《たんとう》した有力豪族《ごうぞく》。6世紀《せいき》中ごろ、物部尾輿《おこし》がライバルの大伴金村《おおとものかなむら》の失政を責《せ》めて失脚《しっきゃく》させ、朝廷《ちょうてい》での力をのばした。仏教の受け入れに反対した尾輿が蘇我稲目《そがのいなめ》と対立し、子の守屋《もりや》のときの587年に物部氏は蘇我馬子《そがのうまこ》らにほろぼされた。

参考

仏教の伝来年…日本への公式な伝来は538年説が有力だが，552年という説もある。非公式には，もっと早い時期に渡来人《とらいじん》や民間に伝わっていたものと思われる。

●年代早覚え　**飛鳥時代**

59 3
国民《こくみん》歓迎《かんげい》 太子《たいし》の摂政《せっしょう》

こくみん
593年

聖徳太子《しょうとくたいし》が摂政となる。

聖徳太子が摂政となって，十七条《じょう》の憲法《けんぽう》や冠位《かんい》十二階《かい》を定め，仏教《ぶっきょう》を重んじた天皇《てんのう》中心の政治《せいじ》をめざした。

物部氏《もののべし》をたおした後 蘇我氏《そがし》の勢力《せいりょく》はいっそう強くなり、馬子《うまこ》は自分のめいの推古天皇《すいこてんのう》を立てた。
では、おいの聖徳太子を摂政とします。
推古天皇
蘇我馬子
わたくし太子は仏《ほとけ》の力を借りて、
天皇を中心とした政治を行います。
聖徳太子
バンザーイ
——と、国民すべてが喜んだかどうかは定かでないが・・・。
●年代早覚え
59 3
国民歓迎
太子の摂政

主要人物紹介《しょうかい》

聖徳太子《しょうとくたいし》(574～622年)…用明天皇《ようめいてんのう》の皇子《おうじ》で、厩戸《うまやどの》皇子ともよばれた。おばの推古《すいこ》天皇の摂政《せっしょう》となり、天皇中心の中央集権国家をめざし、中国との対等な外交を求めて小野妹子《おののいもこ》を遣隋使《けんずいし》として隋に送った。このころ、法隆寺《ほうりゅうじ》を中心に仏教文化の飛鳥《あすか》文化が栄えた。

重要用語

摂政《せっしょう》…天皇が女性のときや幼《おさな》いときに，天皇にかわって政治を行う役職や人をいう。推古《すいこ》天皇(女帝《じょてい》)のときの聖徳太子《しょうとくたいし》が最初で，平安《へいあん》時代に藤原氏《ふじわらし》が独《どく》せんした。

主要人物紹介《しょうかい》

推古天皇《すいこてんのう》(554～628年)…欽明天皇《きんめいてんのう》の娘。日本初の女性天皇(女帝《じょてい》)となり、おいの聖徳太子《しょうとくたいし》を摂政《せっしょう》にした。

小野妹子《おののいもこ》(?)…遣隋使《けんずいし》として2度隋にわたった。最初のとき、「日がのぼる国の天子～」で始まる国書を隋の皇帝《こうてい》(煬帝《ようだい》)にわたした。

太子のきさきはわしのむすめである。望《のぞ》むところじゃ。
太子は冠位《かんい》十二階《かい》の制度を定めて、豪族《ごうぞく》の世襲《せしゅう》をおさえ十七条の憲法を制定して役人の心がまえを示した。
和の精神を尊び仏教を敬《うやま》い・・・、
天皇の命令には必《かなら》ず従《したが》うこと！
年代早覚え
群《む》れよ《604》る民《たみ》に
十七条の憲法《けんぽう》
わしの望むところとは・・・・・・、ちとちがうような気もするが・・・・・・。

▼聖徳太子に関する年代早覚え

- 603年…冠位十二階を定める
  冠《かんむり》を頭の役人　群れ《60》を　見《3》た
- 607年…小野妹子《おののいもこ》を遣隋使《けんずいし》として派遣《はけん》する
  群れな《607》してわたる　遣隋使
- 607年…法隆寺《ほうりゅうじ》を建立する
  群れな《607》して　人々参拝《さんぱい》　法隆寺

とにかく！
えらい太子なのじゃ！
えへん！

重要用語

冠位《かんい》十二階《かい》…家がらにとらわれず，能力や功績《こうせき》のある人を朝廷《ちょうてい》の役人に取り立てた。

十七条《じょう》の憲法《けんぽう》…仏教《ぶっきょう》や儒教《じゅきょう》の教えを取り入れ，朝廷の役人の心がまえを示した。

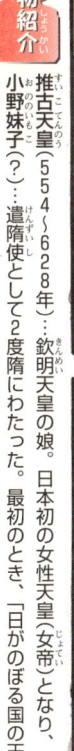

●年代早覚え　　飛鳥時代

蘇我《そが》虫《64》《むし》殺《5》《ころ》す 大化《たいか》の改新《かいしん》

むしころす
645年

蘇我氏をたおし大化の改新を行う。

中大兄皇子《なかのおおえのおうじ》と中臣鎌足《なかとみのかまたり》は，蘇我氏をたおし，中国《ちゅうごく》の制度を取り入れた政治改革《せいじかいかく》である大化の改新を行った。

主要人物紹介《しょうかい》

蘇我入鹿《そがのいるか》（?～645年）…蝦夷《えみし》の子。山背大兄王《やましろのおおえのおう》（聖徳太子《しょうとくたいし》の子）一族をほろぼすなどして権力をにぎったが、中大兄皇子《なかのおおえのおうじ》らに殺された。

中臣鎌足《なかとみのかまたり》（614～669年）…中大兄皇子とともに大化《たいか》の改新《かいしん》を断行した。のちに藤原《ふじわら》の姓をあたえられ、藤原氏の祖《そ》となった。

聖徳太子《しょうとくたいし》の死後、蘇我氏の勢《いきお》いはますます強大となり朝廷《ちょうてい》の権力《けんりょく》を独《どく》せんした。
蘇我入鹿《そがのいるか》
早く蘇我をたおし新しい政治を始めたいものじゃ。
中大兄皇子《なかのおおえのおうじ》
中臣鎌足《なかとみのかまたり》
しかし、蘇我の守りはかたい…。
わたしに作戦があります。
いくら入鹿でも朝廷の儀式《ぎしき》ならば欠席はできますまい…。
えー～

くわしく 改新《かいしん》の詔《みことのり》…公地公民《こうちこうみん》（土地と人民を国家が直接支配），全国を国と郡《こおり》に分けること，班田収授法《はんでんしゅうじゅのほう》（戸籍《こせき》をつくり口分田《くぶんでん》をあたえる），新しい税制《ぜいせい》の方針《ほうしん》が示された。

主要人物紹介《しょうかい》

中大兄皇子《なかのおおえのおうじ》（626〜671年）…中臣鎌足《なかとみのかまたり》らとともに蘇我氏《そがし》をたおして大化《たいか》の改新《かいしん》を始めた。白村江《はくすきのえ》の戦いに敗れたのち、都を奈良《なら》から大津《おおつ》（滋賀《しが》県）に移して天智天皇《てんじてんのう》となり、天皇中心の国づくりを進めた。全国的な戸籍《こせき》をつくり、日本で最初の年号を「大化」と定めた。

朝鮮《ちょうせん》からの手紙を読むのに何をふるえておるのじゃ。
それは……その……
蘇我の害虫め覚悟《かくご》！
入鹿の父、蘇我蝦夷《えみし》は息子《むすこ》の死を知ると屋敷《やしき》に火を放ち自害《じがい》した。
◎年代早覚え
蘇我虫《6 4》殺《5》す
大化の改新
645年初めて年号を「大化」と定めた。
それで大化の改新というのじゃ。
翌646年改新の詔《みことのり》が出され聖徳太子が理想とした天皇中心の国づくりがおし進められた。

しかし、この改革によっても新しい政治は思うように進まなかったのじゃ。
むずかしいのよ世のなかって！

▼大化の改新に関連する年代早覚え

●652年…班田収授法《はんでんしゅうじゅのほう》が出される

6《6》つの子《5》に《2》口分田《くぶんでん》　班田収授法

●663年…白村江《はくすきのえ》の戦いがおこる

ろ《6》くろ《6》く見《3》ないで　白村江

●670年…全国的な戸籍《こせき》が作成される

ろ《6》くな《7》　例《0》《れい》なし　戸籍のない国

参考

大化《たいか》…それまでは干支《えと》（甲子《きのえね》など60種の組み合わせを年月日にあてて用いる）を使っていたが，中国《ちゅうごく》にならい日本で初めて大化という年号（元号《げんごう》）を用いた。

年代早覚え　**飛鳥時代**

7　0　1

唐《とう》まねた 大宝律令《たいほうりつりょう》 慣《な》れ一《ひと》つ

701《なれひとつ》年

国のきまりである大宝律令を定める。

唐の法律《ほうりつ》を手本にして，天皇《てんのう》を中心としたしくみを定めた大宝律令がつくられた。

天智天皇《てんじてんのう》（中大兄皇子《なかのおおえのおうじ》）の死後、皇位《こうい》をめぐって天皇の子大友皇子《おおともの》と天皇の弟大海人皇子《おおあまの》が対立した。
大海人皇子
大友皇子
わしは天皇の子だぞ！
わしに味方する者来たれ！
おぉ〜
なんじゃこの人数は・・・。
年代早覚え
壬申《じんしん》の乱　大友方《おおともがた》は
6 7 2
ろくな人数《にんずう》集《あつ》まらず

主要人物紹介《しょうかい》

天武天皇《てんむてんのう》（631?〜686年）…大海人皇子《おおあまのおうじ》。天智天皇《てんじ》の子の大友皇子《おおとも》との皇位《こうい》をめぐる壬申《じんしん》の乱に勝利し、都を飛鳥《あすか》（奈良《なら》県）に移し、即位《そくい》して天武天皇となった。天皇の地位を高め、改新政治をさらに進めた。このころから、大王《おおきみ》《だいおう》は天皇とよばれるようになった。

重要用語

壬申《じんしん》の乱…天智天皇《てんじてんのう》（中大兄皇子《なかのおおえのおうじ》）の死後，天智天皇の弟の大海人皇子《おおあまのおうじ》と子の大友《おおとも》皇子が皇位《こうい》を争った。勝利した大海人皇子が天武《てんむ》天皇となり，改新政治《かいしんせいじ》を進めた。

主要人物紹介《しょうかい》

大友皇子《おおとものおうじ》（648〜672年）…天智天皇《てんじてんのう》の子。壬申《じんしん》の乱で大海人皇子《おおあまのおうじ》に敗《やぶ》れた。明治《めいじ》時代に弘文《こうぶん》天皇の名がおくられたが、即位は不明。

藤原不比等《ふじわらのふひと》（659〜720年）…中臣《なかとみ》（藤原）鎌足《かまたり》の子。大宝律令《たいほうりつりょう》の制定で中心になるなど、律令制度の整備につとめた。

壬申の乱に勝った大海人皇子は673年に即位《そくい》して天武《てんむ》天皇となった。
天武天皇の死後皇后《こうごう》が即位して持統《じとう》天皇となり694年、唐の都にならってつくった藤原京《ふじわらきょう》に都が移された。
697年文武《もんむ》天皇が15才で即位した。この政治《せいじ》を藤原不比等が助けた。
中臣鎌足《なかとみのかまたり》の子です。
藤原不比等《ふじわらのふひと》
701年不比等は刑部親王《おさかべしんのう》とともに大宝律令をまとめ完成させた。
われながら見事《みごと》！
律とは刑罰《けいばつ》を定めた法令とは政治《せいじ》のやり方を定めた法じゃぞ！
唐の律令をまねたというが…、この国でうまくいくかいな？
年代早覚え
唐まねた　大宝律令
7 0 1
慣れーつ
この国の民《たみ》はどんな法律にもすぐ慣れちゃう素直《すなお》な国民だからだいじょうぶじゃ。
大宝律令は以後、わが国の法律のもはんとなったのだ。

重要用語

大宝律令《たいほうりつりょう》…律令は中国の隋《ずい》・唐《とう》時代に完成し，日本などアジアに広まった。大宝律令の制定で天皇《てんのう》を中心とする政治のしくみが整い，律令政治が約200年続いた。

年代早覚え　奈良時代

な《7》んと《10》きれいな 平城京《へいじょうきょう》

7《なん》10《と》年

都を奈良《なら》の平城京に移《うつ》す。

唐《とう》の都長安《ちょうあん》にならって，現在の奈良市に平城京をつくり，都を移した。ここに都のあった時代を奈良時代という。

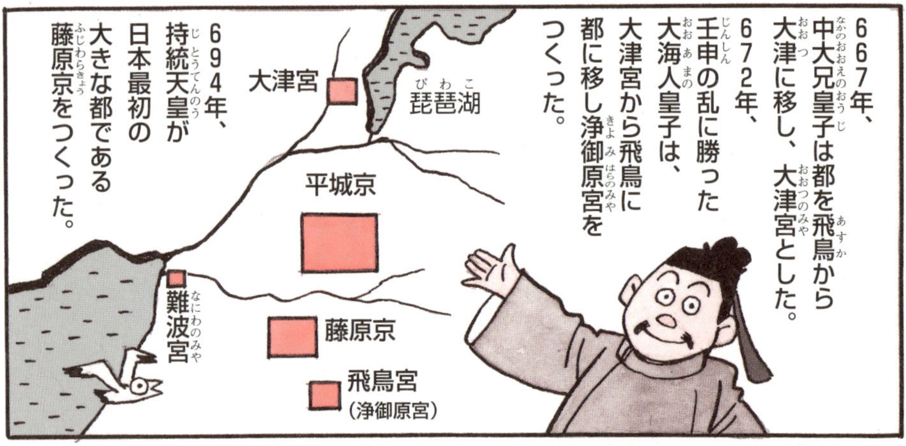
667年、中大兄皇子《なかのおおえのおうじ》は都を飛鳥《あすか》から大津《おおつ》に移し、大津宮《おおつのみや》とした。672年、壬申《じんしん》の乱に勝った大海人皇子《おおあまの》は、大津宮から飛鳥に都に移し浄御原宮《きよみはらのみや》をつくった。
694年、持統天皇《じとうてんのう》が日本最初の大きな都である藤原京《ふじわらきょう》をつくった。
大津宮
琵琶湖《びわこ》
平城京
難波宮《なにわのみや》
藤原京
飛鳥宮
（浄御原宮）

律令政治《りつりょうせいじ》のしくみも整い統一国家のいげんを示すには、ちともの足りなくなってきましたね。
もっと広い土地に都を移しましょう。
元明天皇《げんめい》
今度も唐の都にならってもっとりっぱな都をつくりましょう。

重要用語　平城京《へいじょうきょう》…唐《とう》の都・長安《ちょうあん》にならってつくられ，東西南北に通る広い道路でごばんの目のように区画された。東西の市《いち》が開かれ，取り引きに和同開珎《わどうかいちん》《かいほう》も使われた。

主要人物紹介《しょうかい》

持統天皇《じとうてんのう》（645～702年）…天智天皇《てんじてんのう》のむすめ。夫の天武《てんむ》天皇の死後に政治《せいじ》を行っていたが、子の草壁皇子《くさかべのおうじ》が死んだために即位《そくい》した。

元明天皇《げんめい》（661～721年）…天智天皇のむすめ。子の文武《もんむ》天皇の死後に即位した。和同開珎《わどうかいちん》《かいほう》を発行し、平城京《へいじょうきょう》に都を移した。

710年奈良に都を移した。
新しい都平城京！貴族の住宅はかわらぶきで壁《かべ》は真っ白、柱は真っ赤にぬられ、まぶしいほどに輝《かがや》いている！

おおっ。
年代早覚え
な《7》んと《10》 きれいな
平城京
なんとりっぱな、
なんと広い平城京。

関連事項《じこう》

都の移り変わり…古代の都は、飛鳥《あすか》(奈良《なら》県)→難波宮《なにわのみや》(大阪府《おおさかふ》)→飛鳥→大津宮《おおつのみや》(滋賀《しが》県)→飛鳥浄御原宮《きよみはらのみや》→藤原京《ふじわらきょう》(奈良県)→平城京《へいじょうきょう》(奈良県)→長岡京《ながおかきょう》(京都《きょうと》府)→平安京《へいあんきょう》(京都府)と移った。聖武天皇《しょうむてんのう》は、わずか数年の間に恭仁《くに》(京都府)→難波《なにわ》→平城京と3度も都を移した。

▼平城京に関係する年代早覚え

●708年…和同開珎《わどうかいちん》がつくられる
名《7》を《0》　焼《8》き入れた《ほう》　和同開珎

●712年…『古事記《こじき》』がつくられる
奈《7》良人《1》に《2》　聞いて　安万侶《やすまろ》
古事記なる

●717年…阿倍仲麻呂《あべのなかまろ》が唐にわたる
嵐《あらし》でな《7》い《1》な《7》と　遣唐使船《けんとうしせん》を出す

「青丹《あおに》よし奈良の都は咲《さ》く花のにおうがごとくいま盛《さか》りなり」
平城京はすごい！

重要用語

唐《とう》の都・長安《ちょうあん》…現在のシーアン(西安《せいあん》)。インドや西アジアのペルシャなどから多くの使者・商人・留学生などが訪れる国際都市で，人口は100万人をこえていた。

年代早覚え

奈良時代

7 4 3
永久《えいきゅう》の 私有《しゆう》に貴族《きぞく》 すぐなじみ

743《なじみ》年

墾田永年私財法《こんでんえいねんしざいのほう》が出される。

口分田《くぶんでん》が不足したため，開墾《かいこん》した土地の永久私有を認《みと》める墾田永年私財法が出され，やがて荘園《しょうえん》ができていった。

大化の改新のあと公地公民制により班田収授《はんでんしゅうじゅ》が行われ農民には口分田があたえられた。
だけど税《ぜい》は重いし、ときには防人《さきもり》にもかり出されて……、
農民は米をつくっても食べる米がないのです。
ハラヘッタ〜
も〜う いやっ、こんな格差社会!
それでも税を納《おさ》めるのが農民のつとめだよこせ!
税どころか、もう鼻血《はなぢ》も出ません。
これでは逃《に》げるしかないのだ。
農民の逃亡《とうぼう》で荒《あ》れ地が増《ふ》え人口の増加もあって口分田は不足してきた。

主要人物紹介《しょうかい》

山上憶良《やまのうえのおくら》（660〜733?年）…奈良《なら》時代の貴族《きぞく》で，『万葉集《まんようしゅう》』の代表的歌人。「貧窮問答歌《ひんきゅうもんどうか》」で農民の苦しい生活をうたうなど，人生や社会，家族や子どもを思う歌を数多く残した。遣唐使《けんとうし》の一員として唐にわたり，帰国後に山陰《さんいん》や九州《きゅうしゅう》の役人（国司《こくし》）になった。

重要用語

口分田《くぶんでん》…戸籍《こせき》にもとづいて，6才以上の男子に2反《たん》（約23アール），女子にその3分の2，使用人には男女それぞれの3分の1の農地があたえられた。

開墾《かいこん》をしょうれいするために723年、三世一身法《さんぜいっしんのほう》を出した。
年代早覚え
7 2 3
何人水《なんにんみず》くむ
三世一身
新しく開墾したら三代まで、古い耕地《こうち》を再び開墾したら一代限《かぎ》り私有《しゆう》を認《みと》める法だが…、あまり効果《こうか》はなかった。
それでも口分田が不足したことから743年 墾田永年私財法を出し開墾した土地の永久私有を認めた。
身分に応じて開墾面積を制限したうえで、土地の永久私有を許《ゆる》すということじゃ。
年代早覚え
永久の 私有に貴族
7 4 3
すぐなじみ
トクすることにはすぐなじむ！
それっ、農民を使って土地を増やせ！
貴族や寺社は逃亡《とうぼう》農民などを使って私有地を増やした。
たっぷり財産《ざいさん》ができたぞー
その結果公地公民制はくずれ始め律令《りつりょう》体制はゆらいでいった。

関連事項《じこう》

農民の負担…口分田《くぶんでん》をあたえられた農民は、租《そ》(とれた稲《いね》の約3パーセント)、調《ちょう》(織物《おりもの》や地方の特産物)、庸《よう》(労役《ろうえき》のかわりに布)の税を納《おさ》めたほか、雑徭《ぞうよう》(労役)や兵役(防人《さきもり》など)も課せられた。しかも、調と庸は、農民が都まで自分で運ばなければならなかった。

くわしく

公地公民制《こうちこうみんせい》のくずれ…三世一身法《さんぜいっしんのほう》と墾田永年私財法《こんでんえいねんしざいのほう》により，大宝律令《たいほうりつりょう》で定められた班田収授法《はんでんしゅうじゅのほう》の原則《げんそく》がくずれ，私有地《しゆうち》(のちの荘園《しょうえん》)が増加していった。

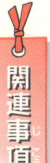

年代早覚え　**奈良時代**

おな《7》ご《5》に《2》似《に》たる　やさしき大仏《だいぶつ》

752《おなごに》年

聖武天皇《しょうむてんのう》が奈良《なら》に大仏をつくる。

世のなかの乱れを仏教の力で平和にしようと，奈良に大仏と東大寺を建て，国ごとに国分寺《こくぶんじ》と国分尼寺《こくぶんにじ》もつくらせた。

主要人物紹介《しょうかい》

聖武天皇《しょうむてんのう》(701～756年)…政治《せいじ》の混乱《こんらん》、病気の流行やききんで社会不安が高まったことから、仏教の力で人々の不安をしずめ、国を守ろうと、国ごとに国分寺《こくぶんじ》・国分尼寺《こくぶんにじ》、都に東大寺《とうだいじ》を建てて大仏を安置した。東大寺の正倉院《しょうそういん》に多くの遺品《いひん》がある。妻は光明皇后《こうみょうこうごう》(光明子《し》)。

737年、九州で発生した天然痘《てんねんとう》が奈良でも流行し……、
朝廷《ちょうてい》の権力者藤原《ふじわら》四兄弟も天然痘で死んだ。
九州《きゅうしゅう》の大宰府《だざいふ》に左せんされていた藤原広嗣《ひろつぐ》が乱をおこしたりして、世のなかが乱れていた。
悪いことがこんな続くのは、わたしの政治《せいじ》が悪いからだろうか……。
み仏に平安をお祈《いの》りいたしましょう。
光明皇后《こうみょうこうごう》
聖武天皇
唐には大きな仏像がたくさんあるそうじゃ。
そうじゃ！仏像をつくろう。平和を願って大きな仏をつくろう！

重要用語

東大寺《とうだいじ》…聖武天皇《しょうむてんのう》の命令で総国分寺《そうこくぶんじ》として都の奈良《なら》に建てられ，大仏が安置された。当時の建物で現在まで残っているのは正倉院《しょうそういん》だけである。

主要人物紹介《しょうかい》

行基《ぎょうき》（668～749年）…人々に仏教を広めながら、ため池や橋を建設するなどの社会事業を行った。東大寺《とうだいじ》の大仏づくりに協力した。

鑑真《がんじん》（688～763年）…苦難《くなん》を乗り越えて753年に来日した唐《とう》の高僧。日本に仏教の制度を伝え、759年奈良に唐招提寺《とうしょうだいじ》を建てた。

9年かかって ついに 完成した！
752年 大仏開眼供養《かいげんくよう》が 盛大にもよおされた。
なんと すばらしい 大仏様だ。
年代早覚え
おなごに似たる やさしき大仏
752
これで 世のなか 平和に なるぞ～！
ところが 重い税《ぜい》を かけられた 農村は 荒《あ》れはてる 一方だった。
このころ 唐の高僧《こうそう》鑑真《がんじん》が来日し、唐招提寺《とうしょうだいじ》を建て仏教の ふきゅうに つとめた。
年代早覚え
759
南国《なんごく》育ち じゃないよ 鑑真《がんじん》さん
寺を建てた年だよ。

重要用語

大仏《だいぶつ》…743年から９年をかけ，のべ260万人以上もの人が働き，高さ約16mの大仏が完成した。大仏づくりには多くの農民や渡来人《とらいじん》の子孫，行基《ぎょうき》などが協力した。

●年代早覚え　　平安時代

鳴《な》くよ《794》ウグイス 平安京《へいあんきょう》

794《なくよ》年

都を京都《きょうと》の平安京に移《うつ》す。

平城京で寺院の勢力《せいりょく》が強まったことなどから，桓武天皇《かんむてんのう》が京都に平安京をつくり，都を移した。

主要人物紹介《しょうかい》

桓武天皇《かんむてんのう》（737～806年）…律令政治《りつりょうせいじ》を立て直すために、仏教勢力の強い平城京《へいじょうきょう》（奈良県《なら》）から784年に長岡京《ながおか》（京都府南部《きょうと》）、ついで794年に平安京《へいあん》（京都市）に都を移した。朝廷《ちょうてい》に従《したが》わない東北地方の蝦夷《えみし》を平定するために、坂上田村麻呂《さかのうえのたむらまろ》を征夷大将軍《せいいたいしょうぐん》に任命した。

平城京《へいじょうきょう》では権力をめぐって貴族《きぞく》や僧侶《そうりょ》までが争いを続け、
政治《せいじ》は乱れるばかりであった。
桓武天皇
ここはひとつ都を移して気分を一新しよう。
784年、都を長岡京《ながおかきょう》に移す工事が始められ、桓武天皇も新都に移った。
だが……、后《きさき》や身内の者が次々と死んだりと、この都は不吉なことばかり……。
それでは都を新しく移されては……。
ふーむ。

重要用語

平安京《へいあんきょう》…桓武天皇《かんむてんのう》は，仏教勢力《ぶっきょうせいりょく》を平城《へいじょう》京に残したまま長岡《ながおか》京（京都《きょうと》府南部）に都を移し，10年後平安京（京都市）に移った。平安京は平城京よりわずかに大きかった。

主要人物紹介《しょうかい》

坂上田村麻呂《さかのうえのたむらまろ》(758~811年)…桓武天皇《かんむてんのう》から征夷大将軍《せいいたいしょうぐん》に任命され、東北地方の蝦夷《えみし》を平定した。田村麻呂は、802年に降伏《こうふく》した蝦夷の指導者アテルイ(?~802年)の助命を朝廷《ちょうてい》に願い出たが、聞き入れられず、アテルイはその後大阪《おおさか》で処刑《しょけい》された。

ホーホケキョ
おお、うぐいすか！
年代早覚え
鳴《7》く《9》よ《4》 ウグイス
平安京
794年、桓武天皇は未完成ながら今の京都市に都を移した。
ホーホケキョ
永遠の平安を願って平安京と名づけよう。
都も移したし、
今度は蝦夷《えみし》の平定じゃ。
このころ東北地方では蝦夷が反乱をおこしていた。
年代早覚え
東北へ泣《7》く《9》泣《7》く
出かける
田村麻呂《たむらまろ》
797年、坂上田村麻呂《さかのうえのたむらまろ》は征夷大将軍《せいいたいしょうぐん》に任命され蝦夷平定に軍を進めた。
泣く泣くではないぞ！

重要用語

征夷大将軍《せいいたいしょうぐん》…朝廷《ちょうてい》に従《したが》わない東北地方の蝦夷《えみし》を平定するため，桓武天皇《かんむてんのう》が坂上田村《さかのうえのたむら》麻呂《まろ》を任命した。源頼朝《みなもとのよりとも》以後は武家政権《ぶけせいけん》の棟梁《とうりょう》(頭《かしら》)を意味し，略《りゃく》して将軍という。

年代早覚え　平安時代

やれや《8》れ《0》 ご《5》修行《しゅぎょう》ばかりの 最澄《さいちょう》さん

8《や》0《れ》5《ご》年

最澄が天台宗《てんだいしゅう》を伝える。

最澄は，山おくでの修行や学問を重視《じゅうし》する天台宗を唐《とう》から日本に伝えた。1年後，空海《くうかい》が真言宗《しんごんしゅう》を伝えた。

滋賀県《しがけん》の豪族《ごうぞく》の子として生まれた最澄は、19才のとき奈良《なら》の東大寺《とうだいじ》で僧になった。
しかし、ここでの教えは何かがちがう。
最澄
わたしは本当の仏教を知りたいのだ!
とか言っちゃって。
最澄は比叡山《ひえいざん》にこもり修行を続けた。
804年、留学僧《りゅうがくそう》として遣唐使船《けんとうしせん》で唐にわたり……、
このとき空海《くうかい》も留学僧として別《べつ》の遣唐使船に乗っていた。

主要人物紹介《しょうかい》

最澄《さいちょう》(767~822年)…桓武天皇《かんむてんのう》の命令で804年に遣唐使《けんとうし》とともに中国の唐にわたり、天台宗《てんだいしゅう》を学んだ。1年後に帰国し、比叡山《ひえいざん》(滋賀《しが》県・京都府《きょうとふ》)に延暦寺《えんりゃくじ》を建て、天台宗を広めた。死後、伝教大師《でんぎょうだいし》の号《ごう》をあたえられた。

くわしく

平安《へいあん》時代の新仏教…それまでの仏教は都に寺院を建てたが，最澄《さいちょう》は比叡山《ひえいざん》の延暦寺《えんりゃくじ》，空海《くうかい》は高野山《こうやさん》の金剛峯《こんごうぶ》(峰)寺《じ》と，都をはなれた山中できびしい修行《しゅぎょう》や学問を行った。

主要人物紹介《しょうかい》

空海《くうかい》（７７４～８３５年）…８０４年、唐《とう》にわたって密教《みっきょう》を学んだ。帰国後、高野山《こうやさん》（和歌山県）に金剛峯《こんごうぶ》（峰）寺《じ》を建てて真言宗《しんごんしゅう》を広め、死後、弘法大師《こうぼうだいし》の号《ごう》をあたえられた。庶民《しょみん》の学校（綜芸種智院《しゅげいしゅちいん》）を京都《きょうと》に建て、満濃池《まんのういけ》（香川《かがわ》県）を改修したほか、書道の達人としても有名。

中国の天台山《てんだいさん》で法華経《ほけきょう》を学んだ。
セッセ
セッセ
なんと熱心な……。
年代早覚え
やれや《8》れ《0》 ご《5》修行ばかりの最澄さん
ハイハイ
人間修行が一番じゃ。
805年最澄は帰国して比叡山《ひえいざん》に延暦寺《えんりゃくじ》を建て天台宗を伝えた。
いっぽう、空海は
年代早覚え
や《8》れ《0》む《6》ずかしい真言宗《しんごんしゅう》
空海は高野山《こうやさん》に金剛峯《こんごうぶ》（峰）寺《じ》を建て、真言宗を広めた。
死後、最澄は伝教大師《でんぎょうだいし》、空海は弘法《こうぼう》大師という号《ごう》をおくられた。

重要用語

遣唐使《けんとうし》…唐の進んだ制度や文化などを学ぶため，630年の第１回以来，十数回送られた。使者のほか，阿倍仲麻呂《あべのなかまろ》などの留学生や，最澄《さいちょう》・空海《くうかい》などの僧も同行した。

年代早覚え

平安時代

89　4

道真《みちざね》が 白紙《はくし》にもどす 遣唐使《けんとうし》

894年（はくし）

遣唐使の派遣《はけん》を停止する。

唐がおとろえたことから，遣唐使の派遣が停止された。このことで，唐の影響《えいきょう》がうすれ，日本風の文化が生まれた。

菅原家《すがわらけ》は代々学者として朝廷《ちょうてい》につかえる家がらで道真も文章博士《もんじょうはかせ》となって朝廷につかえ宇多天皇《うだてんのう》の信任《しんにん》も得ていた。
菅原道真《すがわらのみちざね》
やがて藤原時平《ふじわらのときひら》とならんで政治《せいじ》の中心に立った。
藤原時平
出世頭《しゅっせがしら》ですじゃ。
道真
そなたを遣唐使の大使に任じようと思うがどうじゃ。
宇多天皇
わたし……、
文章博士（はくし）ですゆえ……。
白紙にもどせと……、
うーんちとキツイダジャレじゃ。

くわしく

遣唐使《けんとうし》停止の理由…①唐《とう》がおとろえた，②航海が危険《きけん》でそう難《なん》することも多かった（阿倍仲麻呂《あべのなかまろ》は帰国できずに唐で一生を終えた），③費用がかかりすぎた，など。

主要人物紹介《しょうかい》

菅原道真《すがわらのみちざね》（845～903年）…894年、遣唐使《けんとうし》の大使に任命されたが、航海の危険《きけん》や唐のおとろえなどから、遣唐使の停止を朝廷《ちょうてい》に進言して認《みと》められた。藤原氏《ふじわらし》の策略《さくりゃく》で大宰府《だざいふ》（福岡県《ふくおかけん》）に流された。死後、学問の神様（天神様《てんじんさま》）として各地の天満宮《てんまんぐう》にまつられている。

というわけで630年から唐に派遣され、進んだ制度・文化を取り入れることを目的としてきた遣唐使は894年、停止された。
◉年代早覚え
道真が
894
白紙にもどす
遣唐使

遣唐使の停止などで大陸文化の影響《えいきょう》がうすれ日本独自の文化が発達した。
かな文字の発明もそのひとつじゃ。

ひらがな				カタカナ		ひらがな				カタカナ	
以	以	ゐ	い	イ	伊のへん	部	ㇷ	へ	へ	ヘ	部の草体
呂		ろ	ろ	ロ	呂の略	止	上	と	と	ト	止の略
波	波	は	は	ハ	八	知	ち	ち	ち	チ	千
仁		に	に	ニ	二	利	わ	わ	り	リ	利のつくり
保	保	ほ	ほ	ホ	保のつくり下部	奴	ぬ	ぬ	ぬ	ヌ	奴のつくり

◉年代早覚え
古今集《こきんしゅう》
905
ここはいつもの
貫之《つらゆき》さん
905年、紀貫之《きのつらゆき》が『古今和歌集《こきんわかしゅう》』をまとめた。
ハイハイ。
ここにできました。

主要人物紹介《しょうかい》

紀貫之《きのつらゆき》(?～945年)…平安《へいあん》時代の貴族《きぞく》で歌人。『万葉集《まんようしゅう》』以後の約1100首《しゅ》の和歌を『古今和歌集《こきんわかしゅう》』にまとめた。『土佐日記《とさにっき》』は、任《にん》地の土佐《とさ》(高知《こうち》県)から京都《きょうと》に帰るまでを、当時は女性の文字とされていたかな文字を使って書いた日記。

参考

国風文化…遣唐使《けんとうし》停止のころから発達した日本風の文化。寝殿造《しんでんづくり》，かな文字(漢字がもと)，『古今和歌集《こきんわかしゅう》』(紀貫之《きのつらゆき》)，『源氏物語《げんじものがたり》』(紫式部《むらさきしきぶ》)，『枕草子《まくらのそうし》』(清少納言《せいしょうなごん》)。

●年代早覚え

平安時代

9 3 5

組《く》みこむ大軍《たいぐん》 平将門《たいらのまさかど》

935《くみこむ》年

平将門の乱がおこる。

平将門は関東《かんとう》の大半を支配し，みずからを新皇《しんのう》と名のるが，武士《ぶし》の力を借りた朝廷《ちょうてい》によって短期間でちん圧された。

将門の祖父《そふ》は皇族《こうぞく》だったが、平の姓《せい》をもらい上総介《かずさのすけ》として東国《とうごく》に入り、
そのまま関東《かんとう》に住みつき領地《りょうち》を増やして、上総《かずさ》・下総《しもうさ》・常陸《ひたち》へと勢力を広げた。
京で藤原忠平《ふじわらのただひら》につかえていた将門が下総にもどったとき・・・、
土地をめぐって一族間で争いがおきた。
935年、平将門と平国香《たいらのくにか》らとの間で戦いが始まった。
●年代早覚え
9 3 5
組みこむ大軍
平将門
戦いは将門が勝ち国香は討《う》たれた。
この後、平良正《たいらのよしまさ》を破《やぶ》り常陸の国府《こくふ》を攻《せ》めおとした。

主要人物紹介《しょうかい》

平将門《たいらのまさかど》(?～940年)…10世紀の中ごろ、下総《しもうさ》(千葉《ちば》・茨城県《いばらき》)を本《ほん》きょに勢力《せいりょく》をのばした。国府《こくふ》(国司《こくし》の役所がおかれた)をせん領《りょう》し、関東地方の大半を支配して、みずからを「新皇《しんのう》」と名のった。しかし、この反乱は東国《とうごく》の武士《ぶし》の平貞盛《たいらのさだもり》・藤原秀郷《ふじわらのひでさと》らにしずめられた。

くわしく

武士《ぶし》のおこり…平安《へいあん》時代後半になって地方の政治《せいじ》が乱れると，豪族《ごうぞく》や有力農民が土地を守るために武装《ぶそう》するようになった。やがて，一族を中心に武士団を形成した。

主要人物紹介《しょうかい》

藤原純友《ふじわらのすみとも》(?～941年)…伊予《いよ》(愛媛《えひめ》県)の役人で、任期が終わっても京都にもどらず、瀬戸内海《せとないかい》一帯の海《かい》ぞくの棟梁《とうりょう》となった。海ぞくを率《ひき》いて国府《こくふ》や九州の大宰府《だざいふ》をおそい、一時は瀬戸内全域と九州の一部を支配したが、源 経基《みなもとのつねもと》らに平定された。

やがて関東の大半をおさえた将門は、
われらを苦しめる朝廷の役人はもういらん！
わしが関東8か国の新皇《しんのう》(新しい天皇)となるぞっ！
おー！
おー！
しかし、940年朝廷の差し向けた平貞盛《たいらのさだもり》・藤原秀郷《ふじわらのひでさと》軍と戦い、
矢を受けてうち死にした。
2か月足らずの新皇とは。無念じゃあ！
同じころ(939年)伊予《いよ》(愛媛《えひめ》県)の役人だった藤原純友《ふじわらのすみとも》が瀬戸内海《せとないかい》の海ぞくと結んで反乱をおこした。
年代早覚え
939
雲《くも》さく勢《いきお》い
藤原純友
藤原純友
941年、この乱も朝廷軍の源 経基《みなもとのつねもと》らによってちん圧された。

参考

将門《まさかど》の首塚…戦死した平将門の首は平安京《へいあんきょう》に送られてさらされたが，飛んで故郷にもどってきたという伝説があり，その首塚の1つが東京都の皇居《こうきょ》の近くにある。

年代早覚え　平安時代

10 1 6

遠《とお》い昔《むかし》の ワンマン摂政《せっしょう》

遠《とお》い昔《むかし》

1016年

藤原道長《ふじわらのみちなが》が摂政《せっしょう》となる。

藤原氏は，むすめを天皇《てんのう》のきさきにし，その子を天皇にすることで，摂政や関白《かんぱく》になり，政治の実権《じっけん》をにぎった。

藤原氏はライバルとなる人物を次々と退《しりぞ》けて、勢力《せいりょく》をのばしていった。
そして天皇にむすめをとつがせて、
産まれた皇子《おうじ》を次の天皇にする。
天皇が子どものときは摂政として、
成人したら関白となって天皇のかわりに政治をとるのじゃ。
道長《みちなが》は長女の彰子《しょうし》を一条《いちじょう》天皇にとつがせた。

主要人物紹介《しょうかい》

藤原道長《ふじわらのみちなが》(966～1027年)…4人のむすめを天皇のきさきにして天皇の親せきとなり、ライバルとの競争に打ち勝って勢力《せいりょく》をのばし、1016年に摂政《せっしょう》となった。子の頼通《よりみち》とともに11世紀《せいき》前半に摂関政治《せっかんせいじ》の全盛期を築き、その気持ちを「満月《まんげつ》(もち月)の歌」によんだ。

くわしく

藤原氏《ふじわらし》の台頭《たいとう》…藤原氏は，9世紀《せいき》から10世紀にかけ，ライバルの伴氏《ともし》(健岑《こわみね》・善男《よしお》)や菅原道真《すがわらのみちざね》など，ほかの有力貴族《きぞく》を退《しりぞ》けて，政権をしだいに独《どく》せんしていった。

やがて中宮《ちゅうぐう》彰子は敦成親王《あつひらしんのう》を産んだ。
でかした皇子じゃ！
1016年、敦成親王が9才で即位《そくい》し後一条天皇《ごいちじょう》となり道長は摂政となった。
年代早覚え
遠《10》い《1》昔《6》のワンマン摂政
わっはっはっ
ワンマン政治をするぞーっ。

わが家のはん栄のために、
むすめを次々に天皇のきさきとしたぞ！

主要人物紹介《しょうかい》

藤原彰子《ふじわらのしょうし》（988～1074年）…道長《みちなが》の長女。一条天皇《いちじょうてんのう》の中宮《ちゅうぐう》（きさき）で、後一条天皇、後朱雀《ごすざく》天皇を産み、道長のはん栄をささえた。

一条天皇（980～1011年）…母は道長の姉。皇后《こうごう》の定子《ていし》に『枕草子《まくらのそうし》』の清少納言《せいしょうなごん》、中宮の彰子に『源氏物語《げんじものがたり》』の紫式部《むらさきしきぶ》がつかえた。

▼摂関政治に関係する年代早覚え

●1053年…平等院鳳凰堂《びょうどういんほうおうどう》を建てる

平等院に 人《1》は《0》こ《5》み《3》

〔平等院鳳凰堂は藤原道長《ふじわらのみちなが》の子である頼通《よりみち》が建てた。〕

●藤原道長時代の重要なできごと

・紫式部《むらさきしきぶ》が『源氏物語《げんじものがたり》』を書く

・清少納言《せいしょうなごん》が『枕草子《まくらのそうし》』を書く

「この世をば わが世とぞ思ふ《う》 もち月の かけたることも なしと思へ《え》ば」
強運のお人でおじゃる。

くわしく

満月《まんげつ》の歌…藤原道長《ふじわらのみちなが》の「この世をば　わが世とぞ思ふ《う》　もち月の　かけたることも　なしと思へ《え》ば」の意味は，この世は藤原氏のためにあるようなものだ，ということ。

年代早覚え

平安時代

1083

戦《たたか》いで 人《ひと》は破産《はさん》の 後三年合戦《ごさんねんかっせん》

ひとははさん

1083年

後三年合戦がおこる。

後三年合戦をしずめた源義家《みなもとのよしいえ》は，自分の私財《しざい》で恩賞《おんしょう》をあたえたことで，源氏の棟梁《とうりょう》としての信望《しんぼう》を集めた。

1051年 東北地方の豪族《ごうぞく》安倍氏《あべし》が国司《こくし》に対して反乱をおこした。
そこで源《みなもとの》頼義《よりよし》が乱をしずめるため陸奥《むつ》へおもむいた。
源頼義
源氏の勢力をのばすチャンスじゃ。
寒さに弱い頼義軍は苦戦したが、出羽《でわ》の豪族《ごうぞく》清原《きよはら》氏の応援《おうえん》で安倍氏を破《やぶ》った。この戦いを前九年合戦《ぜんくねんかっせん》という。
年代早覚え
1051
一人丸《ひとりまる》っこい
前九年合戦
源義家
頼義の死後、源氏の棟梁《とうりょう》となった源《みなもとの》義家《よしいえ》は陸奥守《むつのかみ》として任地に向かった。

主要人物紹介《しょうかい》

安倍氏《あべし》…陸奥《むつ》(岩手県が本《ほん》きょ地《ち》)の豪族《ごうぞく》。国司《こくし》に反抗して東北地方を支配していたが、前九年合戦《ぜんくねんかっせん》で源《みなもとの》頼義《よりよし》らに敗《やぶ》れてほろびた。

清原氏《きよはら》…前九年《ぜんくねん》合戦で源頼義を助け、後三年《ごさんねん》合戦では源義家《よしいえ》が協力した清原清衡《きよひら》が勝利した。清衡は、奥州藤原《おうしゅうふじわら》氏の初代となった。

重要用語

棟梁《とうりょう》…武士団の頭《かしら》。家の子(一族の者)や郎党《ろうとう》(家来《けらい》)を率いた。有力な棟梁はいくつもの武士団をまとめ，源氏《げんじ》や平氏《へいし》のように大武士団を形成していった。

1083年、陸奥で力をのばした清原一族に内輪もめがおきた。
義家は清原清衡《きよはらのきよひら》に協力して、対立した家衡《いえひら》を破った。これを後三年合戦《ごさんねんかっせん》という。
年代早覚え
戦いで 人は破産《1083》の
後三年合戦
義家は朝廷に恩賞《おんしょう》を求めたが・・・、
清原氏の内輪もめに勝手に加わったのであろう。
朝廷から恩賞は出ないが・・・、
手がらのあった者にはわしの土地や財産《ざいさん》から恩賞を出そう！
さすが！いよっ大棟梁！
こうして義家《よしいえ》は東国武士《とうごくぶし》の信望を得て関東に勢力をのばした。

主要人物紹介《しょうかい》

源 頼義《みなもとのよりよし》（988～1075年）…子の義家《よしいえ》とともに前九年合戦《ぜんくねんかっせん》を平定し、源氏《げんじ》が東国に勢力《せいりょく》をのばすきっかけをつくった。

源義家《よしいえ》（1039～1106年）…頼義の子。前九年合戦に従軍《じゅうぐん》し、後三年合戦《ごさんねんかっせん》を平定した。八幡太郎《はちまんたろう》とよばれ、関東武士の信望《しんぼう》を得た。

重要用語

源氏《げんじ》…清和天皇《せいわてんのう》の孫《まご》の 源 経基《みなもとのつねもと》に始まる。前九年合戦《ぜんくねんかっせん》・後三年合戦《ごさんねん》の源頼義《よりよし》・義家親子，保元《ほうげん》の乱・平治《へいじ》の乱の義朝《よしとも》，鎌倉幕府《かまくらばくふ》を開いた頼朝《よりとも》と弟の義経《よしつね》など。

● 年代早覚え

平安時代

1086

院政《いんせい》で 一応《いちおう》やむなし 白河上皇《しらかわじょうこう》

いちおう や むなし

1086年

白河上皇が院政を始める。

白河天皇は，天皇《てんのう》の位をゆずり上皇となり，上皇の御所《ごしょ》である院で政治《せいじ》を行い，政治の実権《じっけん》をにぎった。

藤原道長《ふじわらのみちなが》の子頼通《よりみち》はむすめを天皇のきさきとしたが・・・、
藤原頼通
まだか?
皇子《おうじ》は誕生《たんじょう》しなかった。
天皇との血のつながりがうすくなった藤原氏の摂関《せっかん》政治はだんだんおとろえてきた。
将来暗い・・・
わしは直接藤原氏に関係ないから気がねしないぞ!
さらに藤原氏をおさえるために1069年荘園整理令《しょうえんせいりれい》を出す!
え!
新しく荘園をつくってはいけない!
後三条天皇《ごさんじょう》
年代早覚え
荘園整理に
1069
人《ひと》は向《む》く
わははは

くわしく

院政《いんせい》の結果…院に荘園《しょうえん》が集中し，院の経済力《けいざいりょく》が藤原氏《ふじわらし》をしのぐようになった。武士《ぶし》が有力寺院の僧兵《そうへい》をおさえるために院を警備《けいび》するようになり，中央へ進出した。

主要人物紹介《しょうかい》

藤原頼通《ふじわらのよりみち》（992～1074年）…父の藤原道長《みちなが》の摂関政治《せっかんせいじ》を受けつぎ，宇治《うじ》（京都《きょうと》府）に浄土信仰《じょうどしんこう》にもとづいた平等院鳳凰堂《びょうどういんほうおうどう》を建てた。

後三条天皇《ごさんじょうてんのう》（1034～1073年）…母が藤原氏のむすめではなく天皇のむすめだったことから，藤原氏の摂関政治をおさえて政治改革《かいかく》を行った。

主要人物紹介《しょうかい》

白河上皇《しらかわじょうこう》(1053～1129年)…藤原氏《ふじわらし》の摂関政治《せっかんせいじ》をおさえて、自分の御所《ごしょ》(院《いん》)で政治を行う院政《いんせい》を始めた。天皇の位《くらい》を子(堀河《ほりかわ》天皇)にゆずってから3代の天皇の間の約40年間も政治の実権をにぎり、中流の貴族《きぞく》や武士《ぶし》を用いた。のちに出家して法皇《ほうおう》となった。

1072年、後三条天皇のあと白河天皇が即位《そくい》した。
わしも父のように藤原氏に遠りょしないぞっ！
白河天皇
1086年、白河天皇は8才の皇子に位《くらい》をゆずり上皇となった。
政治はわしがみる！
院
政治が上皇の住まい「院」で行われたので院政《いんせい》という。
年代早覚え
院政で一応やむ《1086》なし 白河上皇
これで摂関政治もおしまいだな。
白河上皇は院を守らせるために、初めて武士《ぶし》を正式に採用《さいよう》した。
武士の中央進出のきっかけとなったのじゃ。
1129年、3代の天皇にわたって院政を行った白河上皇がなくなると……
いよいよわしの時代じゃ。
鳥羽《とば》上皇が院政を行った。
鳥羽上皇
次はわしの出番じゃ。
後白河上皇
こうして1086年に始まった院政は、以後100年あまり続くのであった。

参考　白河上皇《しらかわじょうこう》のなげき…白河上皇は，賀茂《かも》川の水(こう水)，双六《すごろく》の賽《さい》(さいころ)，山法師《やまほうし》(延暦寺《えんりゃくじ》の僧兵《そうへい》)の3つを，自分の思い通りにならないものとしてなげいた。

時代のまとめ

○米づくり～律令政治《りつりょうせいじ》の確立《かくりつ》

米づくり…大陸から伝来→登呂遺跡《とろいせき》，弥生《やよい》土器，金属器。

くにの成立…吉野ヶ里《よしのがり》遺跡→奴国《なのくに》→邪馬台国《やまたいこく》(卑弥呼《ひみこ》)。

大和政権《やまとせいけん》(大和朝廷《ちょうてい》)…大王《おおきみ》を中心に近畿《きんき》地方の豪族《ごうぞく》が連合→前方後円墳《ぜんぽうこうえんふん》・はにわ，渡来人《とらいじん》が技術《ぎじゅつ》などを伝える。

聖徳太子《しょうとくたいし》…摂政《せっしょう》となり天皇《てんのう》中心の政治《せいじ》をめざす→冠位《かんい》十二階《かい》，十七条《じょう》の憲法《けんぽう》，遣隋使《けんずいし》，仏教，飛鳥《あすか》文化(法隆寺《ほうりゅうじ》)。

律令《りつりょう》政治…中大兄皇子《なかのおおえのおうじ》・中臣鎌足《なかとみのかまたり》が蘇我《そが》氏《し》をたおす(大化《たいか》の改《かい》新《しん》)→公地公民《こうちこうみん》，班田収授法《はんでんしゅうじゅのほう》，租《そ》・調《ちょう》・庸《よう》，大宝《たいほう》律令。

○平城京《へいじょうきょう》～天平《てんぴょう》文化

平城京…唐《とう》(中国)の都長安《ちょうあん》にならう→和同開珎《わどうかいちん(ほう)》。

聖武《しょうむ》天皇…仏教《ぶっきょう》の力で国を守るため国分寺《こくぶんじ》・東大寺《とうだいじ》を建てる→行基《ぎょうき》が大仏づくりに協力，墾田永年私財法《こんでんえいねんしざいのほう》。

遣唐使《けんとうし》…中国の制度や文化を学ぶ→阿倍仲麻呂《あべのなかまろ》，鑑真《がんじん》。

天平文化…国際色豊か→『万葉集《まんようしゅう》』(「貧窮問答歌《ひんきゅうもんどうか》」)，『古事《こじ》記《き》』，『日本書紀《にほんしょき》』，正倉院《しょうそういん》の宝物《ほうもつ》，唐招提寺《とうしょうだいじ》。

○平安京《へいあんきょう》～国風《こくふう》文化

平安京…桓武《かんむ》天皇が移《うつ》す→坂上田村麻呂《さかのうえのたむらまろ》を征夷大将軍《せいいたいしょうぐん》。

摂関《せっかん》政治…藤原《ふじわら》氏が摂政《せっしょう》・関白《かんぱく》を独《どく》せんして政治の実権《じっけん》をにぎる→11世紀前半の藤原道長《みちなが》・頼通《よりみち》親子のときが全盛《ぜんせい》。

武士《ぶし》の成長…平将門《たいらのまさかど》と藤原純友《ふじわらのすみとも》，東北地方の反乱を平定。

院政《いんせい》…白河《しらかわ》天皇が上皇《じょうこう》となってからも院で政治を行う。

仏教…最澄《さいちょう》(天台宗《てんだいしゅう》)，空海《くうかい》(真言《しんごん》宗)，浄土信仰《じょうどしんこう》(浄土教《じょうどきょう》)。

国風文化…遣唐使停止《けんとうしていし》後に日本の風土や生活にあう文化→寝《しん》殿造《でんづくり》，かな文字，紫式部《むらさきしきぶ》，清少納言《せいしょうなごん》，平等院鳳凰堂《びょうどういんほうおうどう》。

年代スピードチェック

	答え
□① 奴国《なのくに》の王が漢《かん》の王から**金印《きんいん》**をもらったのは何年ですか。	① 57年
□② 邪馬台国《やまたいこく》の卑弥呼《ひみこ》が**魏《ぎ》に使者**を送ったのは何年ですか。	② 239年
□③ 百済《ペクチェ》《くだら》から**仏教《ぶっきょう》**が公式に伝来したのはふつう何年ですか。	③ 538年
□④ 聖徳太子《しょうとくたいし》が推古天皇《すいこてんのう》の**摂政《せっしょう》**になったのは何年ですか。	④ 593年
□⑤ 聖徳太子が**冠位《かんい》十二階《かい》**の制度を定めたのは何年ですか。	⑤ 603年
□⑥ 聖徳太子が**十七条《じょう》の憲法《けんぽう》**を定めたのは何年ですか。	⑥ 604年
□⑦ 聖徳太子が小野妹子《おののいもこ》を**遣隋使《けんずいし》**として派遣《はけん》したのは何年ですか。	⑦ 607年
□⑧ 中大兄皇子《なかのおおえのおうじ》らが**大化《たいか》の改新《かいしん》**を始めたのは何年ですか。	⑧ 645年
□⑨ 皇位《こうい》をめぐって**壬申《じんしん》の乱**がおこったのは何年ですか。	⑨ 672年
□⑩ 唐《とう》の律令《りつりょう》にならって**大宝《たいほう》律令**が定められたのは何年ですか。	⑩ 701年
□⑪ 奈良《なら》の**平城京《へいじょうきょう》**に都が移《うつ》されたのは何年ですか。	⑪ 710年
□⑫ **墾田永年私財法《こんでんえいねんしざいのほう》**が出されたのは何年ですか。	⑫ 743年
□⑬ 聖武《しょうむ》天皇の命令で**東大寺《とうだいじ》の大仏《だいぶつ》**が完成したのは何年ですか。	⑬ 752年
□⑭ 桓武《かんむ》天皇が京都《きょうと》の**平安京《へいあんきょう》**に都を移したのは何年ですか。	⑭ 794年
□⑮ 坂上田村麻呂《さかのうえのたむらまろ》が**征夷大将軍《せいいたいしょうぐん》**に任命《にんめい》されたのは何年ですか。	⑮ 797年
□⑯ **最澄《さいちょう》**が唐《とう》（中国《ちゅうごく》）から帰国したのは何年ですか。	⑯ 805年
□⑰ 菅原道真《すがわらのみちざね》の進言で**遣唐使《けんとうし》が停止《ていし》**されたのは何年ですか。	⑰ 894年
□⑱ **平将門《たいらのまさかど》**が関東《かんとう》で反乱をおこしたのは何年ですか。	⑱ 935年
□⑲ **藤原純友《ふじわらのすみとも》**が瀬戸内海《せとないかい》で反乱をおこしたのは何年ですか。	⑲ 939年
□⑳ **藤原道長《ふじわらのみちなが》**が摂政になったのは何年ですか。	⑳1016年
□㉑ 陸奥《むつ》（東北地方）で**後三年合戦《ごさんねんかっせん》**がおきたのは何年ですか。	㉑1083年
□㉒ 白河上皇《しらかわじょうこう》が御所《ごしょ》（院《いん》）で**院政**を始めたのは何年ですか。	㉒1086年

第2章 武士《ぶし》の政治《せいじ》の始まり

年代暗記 11

●年代早覚え　平安時代

1 1 6 7

清盛《きよもり》が 政権《せいけん》にぎって 人々《ひとびと》むなし

ひとびと む　なし
1167年

平清盛《たいらのきよもり》が太政大臣《だいじょうだいじん》になる。

平清盛は武士としてはじめて太政大臣になり，政治《せいじ》の実権《じっけん》をにぎり，平氏一族が朝廷《ちょうてい》の高位・高官を独せんした。

平清盛様の出世はすごいな。あっという間に太政大臣までのぼりつめた。
平清盛
皇室《こうしつ》との結びつきも強めて高倉天皇《たかくらてんのう》に嫁《とつ》いだむすめに皇子《おうじ》も生まれた。
太政大臣
内大臣
この孫を即位《そくい》させて（安徳天皇《あんとくてんのう》）わしは天皇の外戚《がいせき》じゃ。
一族はみな高位・高官につき平氏全盛《ぜんせい》の時代じゃ。

主要人物紹介《しょうかい》

平清盛《たいらのきよもり》（1118～1181年）…保元《ほうげん》の乱に勝利して中央に進出し、平治《へいじ》の乱で源義朝《みなもとのよしとも》を破《やぶ》った。武士《ぶし》としてはじめて太《だい》政大臣《じょうだいじん》になり藤原氏《ふじわらし》のような政治《せいじ》を行ったため、人々の反感をかった。兵庫《ひょうご》（神戸《こうべ》市）の港を整備し、中国の宋《そう》と貿易《ぼうえき》を行った。

重要用語

太政大臣《だいじょうだいじん》…朝廷《ちょうてい》の最高官職。平治《へいじ》の乱後，平清盛《たいらのきよもり》が藤原氏《ふじわらし》をおしのけて武士としてはじめてついた。このことからも，平氏の政治が貴族《きぞく》的であるといわれる。

関連事項《じこう》

平氏《へいし》…桓武天皇《かんむてんのう》のひ孫の高望王《たかもちおう》が祖《そ》。平清盛《たいらのきよもり》・重盛《しげもり》父子のほか、平将門《まさかど》など。平氏の氏神《うじがみ》をまつる厳島《いつくしま》神社(広島《ひろしま》県)は世界文化遺産。

源氏《げんじ》…清和《せいわ》天皇の孫の経基王《つねもとおう》が祖。源 義家《みなもとのよしいえ》(前九年《ぜんくねん》・後三年合戦《ごさんねんかっせん》)・義朝《よしとも》(保元《ほうげん》・平治《へいじ》の乱)・頼朝《よりとも》・義経《よしつね》・実朝《さねとも》(3代将軍《しょうぐん》)など。

平氏にあらずば人でなし……じゃ。
わっはははは……。
年代早覚え
清盛が政権にぎって人々《11》む《6》な《7》し

このままでは日本全国平氏のものになってしまう各地の源氏《げんじ》よ平氏をたおせ！
以仁王《もちひとおう》

以仁王《もちひとおう》の令旨《りょうじ》が出た挙兵《きょへい》するぞ！
年代早覚え
源氏《げんじ》の人々《11》や《8》っと《0》立つ
座ってるけど…
令旨

それーっ平氏をたおせ！
日本全国の源氏が立ち上がった
ワー

▼平清盛に関連する年代早覚え

●1156年…保元《ほうげん》の乱がおこる

いい《11》こ《5》ろ《6》 おこった 保元の乱

〔上皇と天皇が対立し，源義《よし》朝《とも》や平清盛が味方した天皇方が勝利した争い。〕

●1159年…平治《へいじ》の乱がおこる

人々《11》ご《5》苦《9》労と 平治の乱

〔平清盛が源義朝をたおし，その子頼朝を伊豆に流した。〕

くわしく

令旨《りょうじ》…以仁王《もちひとおう》(後白河法皇《ごしらかわほうおう》の子)が，諸国《しょこく》の武士に決起を求める令旨(命令)を出し，源《みなもとの》 頼政《よりまさ》とともに平氏打倒《へいしだとう》の兵をあげたが，敗死した。その後，源頼朝《よりとも》らが続いた。

年代早覚え

鎌倉時代

壇ノ浦《だんのうら》 平氏《へいし》の人々敗《1 1 85》《ひとびとはい》戦《せん》す

1185《ひとびと は い》年

壇ノ浦の戦いで平氏がほろびる。

源頼朝《みなもとのよりとも》は壇ノ浦の戦いで平氏をほろぼすと，鎌倉幕府《かまくらばくふ》を開き，武家政治《ぶけせいじ》を始め，1192 年には征夷大将軍《せいいたいしょうぐん》になった。

頼朝の命《めい》をうけた 源 義経《みなもとのよしつね》は、一ノ谷《いちのたに》……
うわぁがけを降《お》りてきた！

屋島《やしま》の戦いで平氏を打ち破《やぶ》り、
うひゃ、義経の奇襲《きしゅう》にはかなわん。

無念《むねん》……、ここ壇ノ浦で決戦をいどんだがまたしても敗れた……。

主要人物紹介《しょうかい》

源 義経《みなもとのよしつね》（1159～1189年）…源頼朝《よりとも》の弟で、幼名《ようめい》は牛若丸《うしわかまる》。戦いにすぐれ、一ノ谷《いちのたに》の戦い、屋島《やしま》の戦い、壇ノ浦《だんのうら》の戦いなど源平《げんぺい》の戦いで大活やくした。頼朝と対立して平泉《ひらいずみ》（岩手県）の奥州藤原《おうしゅうふじわら》氏のもとへのがれたが、藤原秀衡《ひでひら》の子・泰衡《やすひら》にせめられて自殺した。

くわしく

源平《げんぺい》の戦い…1180年に頼朝《よりとも》が挙兵《きょへい》して以来，源氏は一ノ谷《いちのたに》の戦い(1184年)→屋島《やしま》の戦い(1185年)と平氏を西へ追いつめ，壇ノ浦《だんのうら》の戦い(山口県《やまぐちけん》)でほろぼした。

年代早覚え
壇ノ浦
平氏の
人《1》々《1》敗《85》戦す
平氏も
全滅《ぜんめつ》……、
いくさ上手《じょうず》で
じゃまな弟の
義経もたおした。
頼朝様
征夷大将軍にも
なられましたね
おめでとう
ございます。
年代早覚え
い《1》い《1》国《92》《くに》
つくろう
大将軍

武士《ぶし》に
都合《つごう》のよい
国をな。

主要人物紹介《しょうかい》

源頼朝《みなもとのよりとも》(1147~1199年)…父の義朝《よしとも》が平治《へいじ》の乱に敗れたためにとらえられて伊豆《いず》(静岡《しずおか》県)に流されたが、1180年に源氏《げんじ》の棟《とう》梁《りょう》として平氏打倒《へいしだとう》の兵をあげた。1185年に守護《しゅご》・地頭《じとう》を設置し、1192年に征夷大将軍《せいいたいしょうぐん》となって鎌倉幕府《かまくらばくふ》を開いた。妻は北条政子《ほうじょうまさこ》。

▼源頼朝に関連する年代早覚え

●1185年…守護《しゅご》・地頭《じとう》を設置する

い《1》い《1》や《8》ご《5》めんと　守護・地頭

守護は，国ごとに置かれた。軍事や警察《けいさつ》の仕事をして，御家人《ごけにん》を取りしまった。
地頭は，荘園《しょうえん》や公領《こうりょう》に置かれた。土地の管理や年貢《ねんぐ》の取り立てを行った。

重要用語

鎌倉幕府《かまくらばくふ》…中央に侍所《さむらいどころ》・政所《まんどころ》・問注所《もんちゅうじょ》，地方に守護《しゅご》・地頭《じとう》，京都に六波羅探題《ろくはらたんだい》(承久《じょうきゅう》の乱後)を置いた。将軍《しょうぐん》と御家人《ごけにん》は御恩《ごおん》と奉公《ほうこう》の関係で結ばれた(封建《ほうけん》制度)。

●年代早覚え　鎌倉時代

鎌倉《かまくら》の 人《ひと》に不意《ふい》《1221》打《う》ち 承久《じょうきゅう》の乱《らん》

1221《ひとにふいうち》年

承久の乱がおこる。

後鳥羽上皇《ごとばじょうこう》が鎌倉幕府《ばくふ》をたおそうと承久の乱をおこすが，幕府軍に敗れ，幕府の支配が西国《さいごく》にも広まった。

子どもたちはみんな死んでしまったけれど、幕府の実権はわたしたち北条氏《ほうじょうし》がにぎったわ。
これからは執権《しっけん》が将軍にかわって政治を行うぞ。
北条政子《ほうじょうまさこ》
北条義時《ほうじょうよしとき》
名ばかりの将軍
源氏の将軍がほろんだのだからこのさい、わたしは政権も朝廷《ちょうてい》に取りもどそう。
後鳥羽上皇《ごとばじょうこう》
全国の反幕府の者よ立ち上がれ幕府をたおせ！
おーっ！
反幕府
後鳥羽上皇が兵をあげた。
わぁー！
●年代早覚え
鎌倉の
人に不意《1221》打ち
承久の乱

くわしく 源氏《げんじ》の将軍《しょうぐん》… 源《みなもとの》 頼朝《よりとも》の死後，２代将軍の頼家《よりいえ》（頼朝の長男）は北条氏《ほうじょうし》に暗殺され，３代将軍の実朝《さねとも》（頼朝の次男）は公暁《くぎょう》（頼家の子）に暗殺されたため３代で絶えた。

主要人物紹介《しょうかい》

後鳥羽上皇《ごとばじょうこう》（1180～1239年）…1198年に上皇となり，約20年間院政《いんせい》を行った。1221年，鎌倉幕府《かまくらばくふ》をたおそうとして承久《じょうきゅう》の乱をおこしたが敗れ，隠岐《おき》（島根県《しまね》）に流された。和歌の才能にすぐれ，藤原《ふじわらの》定家《ていか》《さだいえ》らに命じて『新古今和歌集《しんこきん》』を編集させた。

主要人物紹介《しょうかい》

北条政子《ほうじょうまさこ》(1157〜1225年)…北条時政《ときまさ》のむすめで、源頼朝《みなもとのよりとも》の妻《つま》。承久《じょうきゅう》の乱のとき、かけつけた御家人《ごけにん》たちを前に頼朝の御恩《ごおん》を語り、その御恩に報《むく》いるために上皇方《じょうこうがた》と戦う(奉公《ほうこう》する)ことをうったえて結束させ、幕府《ばくふ》を勝利にみちびいた。尼将軍《あましょうぐん》といわれた。

朝廷とはいえおそれることはありません。今こそ亡《な》き頼朝公の御恩《ごおん》に報《むく》いるときです。
そうだ 武士《ぶし》の土地を守るために戦うぞ!
おおーっ!!
幕府軍は大軍を送っていっきに上皇軍を打ち破《やぶ》った。
ワー
ワー
助けてください。強引に土地をうばわれました。
後鳥羽上皇の乱は退《しりぞ》けたが……、最近、守護《しゅご》・地頭《じとう》の土地争いが多くて困るな。
北条泰時《やすとき》
しっかりした武家政治のために法律《ほうりつ》をつくろう。
これは武士のつくった最初の法律じゃよく守るように。
年代早覚え
1232
一《ひと》文《ふみ》にしたためた
御成敗式目《ごせいばいしきもく》
ほう……、りっぱなもんだ。

重要用語

御恩《ごおん》…将軍《しょうぐん》が御家人《ごけにん》の領地《りょうち》を守り，新しい領地をあたえ，幕府の役職につけること。

御成敗式目《ごせいばいしきもく》…公正な裁判《さいばん》のため頼朝《よりとも》以来の先例をもとに制定。貞永式目《じょうえいしきもく》ともいう。

● 年代早覚え　鎌倉時代

元《げん》の船《ふね》 とうに《1274》なし 文永《ぶんえい》の役《えき》

とうになし **1274年** **元が日本に攻《せ》めてくる（文永の役）。**

元の皇帝《こうてい》フビライ=ハンは，日本を征服《せいふく》しようと２度大軍で攻めてきた（元寇《げんこう》）が，嵐《あらし》にあって引きあげた。

モンゴル帝国《ていこく》5代皇帝フビライ=ハンは高麗《コリョ》を征服《せいふく》したのち日本に使者を送り服属《ふくぞく》を要求してきた。
フビライ=ハン
＊1271年，フビライは国号を元とした。
次は海の向こうの日本を征服しよう。
高麗《こうらい》
北条時宗《ほうじょうときむね》
無礼《ぶれい》な！使者を追い返せ。
小国のくせに生意気《なまいき》だ！
攻め落とせ！
うおーっ！大軍で攻めてきたぞ。

主要人物紹介《しょうかい》

フビライ=ハン（1215～1294年）…モンゴル帝国《ていこく》の5代皇帝《こうてい》で、初代皇帝チンギス=ハンの孫。都を大都《だいと》（北京《ペキン》）に移《うつ》し、国号を元《げん》にした。1279年に南宋《そう》をほろぼして中国全土を支配した。服属《ふくぞく》要求を受け入れない日本を2度こうげきしたが、暴風雨《ぼうふうう》などのために失敗した。

くわしく

戦法のちがい…絵巻物《えまきもの》の「蒙古襲来絵詞《もうこしゅうらいえことば》」にある日本の武士《ぶし》（竹崎季長《たけざきすえなが》）は馬上で戦う（一騎《いっき》うち）のに対し，元軍《げんぐん》は集団戦法をとり，火薬兵器（てつはう）を使った。

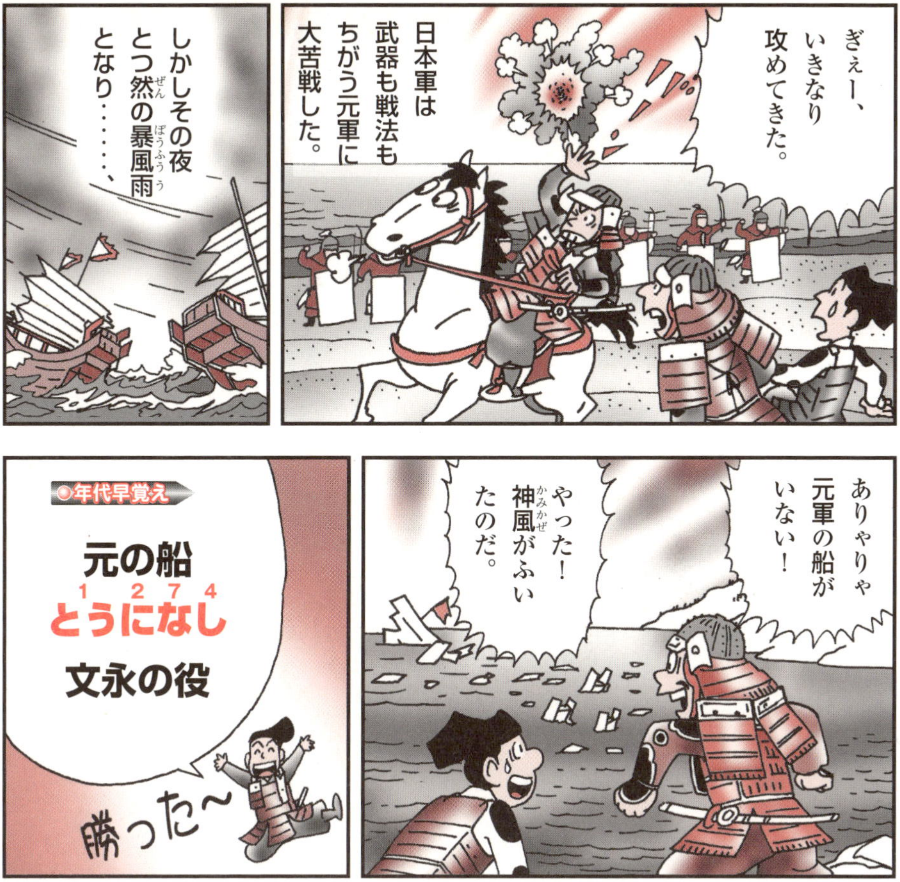
ぎえー、いきなり攻めてきた。
日本軍は武器も戦法もちがう元軍に大苦戦した。
しかしその夜とつ然《ぜん》の暴風雨《ぼうふうう》となり……、
ありゃりゃ元軍の船がいない！
やった！神風《かみかぜ》がふいたのだ。
◎年代早覚え
元の船
1 2 7 4
とうになし
文永の役
勝った〜

1281年、元軍は再び攻めてきたが上陸できないまま嵐にあい、退《しりぞ》いた。
◎年代早覚え
元軍は
1 281
とうに敗北《はいぼく》
弘安《こうあん》の役

主要人物紹介《しょうかい》

北条時宗《ほうじょうときむね》（1251〜1284年）…鎌倉幕府《かまくらばくふ》の8代執権《しっけん》。フビライ＝ハンの服属《ふくぞく》要求をことわり、元軍《げんぐん》に備え九州《きゅうしゅう》北部の防備を固めた。1274年（文永《ぶんえい》の役《えき》）と1281年（弘安《こうあん》の役）の2度にわたって襲来《しゅうらい》した元の大軍（元寇《げんこう》）を、御家人《ごけにん》を指揮《しき》して退《しりぞ》けた。

▼元寇に関連する年代早覚え

●1206年…モンゴル帝国が成立する
1 206
ともにおむかえ　モンゴル帝国

●1260年…フビライ＝ハンが即位《そくい》する
1 2 6 0
人に群れない　フビライ皇帝

●1297年…永仁《えいにん》の徳政《とくせい》令が出される
1 297
皮肉な　徳政　御家人《ごけにん》困る

くわしく

神風《かみかぜ》…元寇《げんこう》時の暴風雨《ぼうふうう》を神風とよび，日本は神の守る神国という考えが広まった。

永仁《えいにん》の徳政令《とくせいれい》…御家人《ごけにん》の生活苦を救うために幕府《ばくふ》が出したが，かえって混乱した。

年代早覚え　　鎌倉時代

北条《ほうじょう》の 一味《いちみ》さんざん《1333》 幕府滅亡《ばくふめつぼう》

1333《いちみさんざん》年　鎌倉《かまくら》幕府が滅亡《めつぼう》する。

後醍醐天皇《ごだいごてんのう》は，幕府に不満のある御家人《ごけにん》の協力によって鎌倉幕府をたおし，公家《くげ》中心の政治《せいじ》を行った。

今の執権《しっけん》北条高時《ほうじょうたかとき》は、政治に興味《きょうみ》がないし・・・・。
元軍との戦いの恩賞《おんしょう》もろくに出してないので武士《ぶし》は不満がいっぱいじゃ。
後醍醐天皇
北条は落ち目だ政治を朝廷《ちょうてい》に取りもどすぞ。
反鎌倉
幕府には期待できん帝《みかど》に味方しよう。
わしらも朝廷方につくぞ敵《てき》は鎌倉だ！
うわー！天皇が兵をあげたぞ。
北条高時
有力な御家人が天皇方についてしまったもうだめだ！

主要人物紹介《しょうかい》

後醍醐天皇《ごだいごてんのう》（1288～1339年）…鎌倉幕府《かまくらばくふ》をたおす計画が失敗して隠岐《おき》（島根《しまね》県）に流された。鎌倉幕府の滅亡《めつぼう》後に建武《けんむ》の新政を始めたが、公家《くげ》を重んじたことから武士が反発して失敗した。足利尊氏《あしかがたかうじ》の北朝と対立して京都から吉野《よしの》（奈良《なら》県）へのがれ南朝を立てた。

くわしく　**御家人《ごけにん》の不満**…元寇《げんこう》で多くの費用を負担《ふたん》したのに恩賞《おんしょう》が不十分で，永仁《えいにん》の徳政令《とくせいれい》後は借金《しゃっきん》がむずかしくなった。こうして，鎌倉幕府《かまくらばくふ》は御家人の信用《しんよう》を失っていった。

死んで先祖《せんぞ》の一味……、じゃなかった北条氏におわびしよう。
年代早覚え
北条の一味《1333》さんざん 幕府滅亡
やった～！幕府をたおしたぞ～！
これからは公家と武士をまとめてわしが政治をとるぞ。
公家向けのな……。
重要な役は公家中心で、
武士はそれなりの役だけにしよう。
不公平だ。
小役
大役

幕府をたおしたのはわしら武士なのに。
武士のことも考えてくげ～。

開運事項《じこう》

後醍醐天皇《ごだいごてんのう》の味方…河内《かわち》（大阪府《おおさかふ》）の豪族《ごうぞく》だった楠木正成《くすのきまさしげ》（?～1336年）が後醍醐天皇の倒幕《とうばく》運動に協力して兵をあげ、鎌倉幕府《かまくらばくふ》の有力御家人《ごけにん》だった足利尊氏《あしかがたかうじ》（1305～1358年）が京都《きょうと》の六波羅探題《ろくはらたんだい》を攻め、新田義貞《にったよしさだ》（1301～1338年）が鎌倉を攻《せ》め落とした。

▼室町幕府成立に関連する年代早覚え

●1336年…南北朝時代が始まる

南朝一味《13》　去ろ《36》う　吉野《よしの》へ

●1338年…足利尊氏《あしかがたかうじ》が征夷大将軍《せいいたいしょうぐん》に

いざ《13》　都《38》へと　足利尊氏

●1378年…京都の室町（花の御所）に幕府を移す

人《1》　みなは《378》なやぐ　室町の御所

重要用語

建武《けんむ》の新政…後醍醐天皇《ごだいごてんのう》は公家（貴族《きぞく》）をたいせつにし，鎌倉幕府《かまくらばくふ》をたおす力となった武士《ぶし》へのほうびが少なかったほか，武士社会のしきたりを無視《むし》した。

年代早覚え　室町時代

1　3　92

いざ 国《くに》まとめ　南北合一《なんぼくごういつ》

1392《いざくに》年

足利義満《あしかがよしみつ》が南朝《なんちょう》と北朝《ほくちょう》を合一する。

義満が，勢力《せいりょく》のおとろえた南朝を北朝と合一し，約60年間続いた内乱の時代が終わった。

後醍醐《ごだいご》天皇《てんのう》が吉野《よしの》に移《うつ》した朝廷《ちょうてい》を南朝といい、足利尊氏《たかうじ》が京都に立てた朝廷を北朝という。全国の武士《ぶし》も2つに分かれておよそ60年間にわたって争った。
この時代を南北朝時代といい、その争いのなかで守護《しゅご》が力をのばしその領国《りょうごく》の領主《りょうしゅ》のようになった。

京都の室町《むろまち》に邸宅《ていたく》(花の御所《ごしょ》)をつくったぞ。幕府をここに移そう。
足利義満
だからこの幕府《ばくふ》を室町幕府というのだ。

主要人物紹介《しょうかい》

足利義満《あしかがよしみつ》(1358〜1408年)…足利尊氏《たかうじ》の孫で、室町幕府《むろまちばくふ》の3代将軍《しょうぐん》。有力な守護大名《しゅごだいみょう》を次々とたおし、南北朝《なんぼくちょう》を合一するなどして室町幕府の全盛期を築いた。幕府を京都の室町(花の御所)に移《うつ》し、中国の明《みん》の求めに応じて勘合貿易《かんごうぼうえき》を始め、京都の北山に金閣《きんかく》を建てた。

重要用語

南北朝時代《なんぼくちょう》…足利尊氏《あしかがたかうじ》が 1336 年に別の天皇《てんのう》を立てる(北朝《ほくちょう》)と，後醍醐《ごだいご》天皇は吉野《よしの》(奈良《なら》県)にのがれた(南朝《なんちょう》)。全国の武士《ぶし》もどちらかについて争う内乱が続いた。

その幕府の足もとを固めないといかん。
力をつけた各地の守護大名《しゅごだいみょう》は勢力争いをさせて力をおとろえさせて……、
北朝
それから南朝と北朝と2つもある朝廷を1つにまとめないとな。
南朝
てきとうなことを言って南朝側をこっちの北朝と合体させてしまおう。
はいっ。
講和条件《こうわじょうけん》は今後の天皇は南朝と北朝から交互《こうご》に出す……などです。
うむ、それなら南朝の面目も立つ……よかろう。
1392年、南北朝が1つになった。
年代早覚え
1 3 92
いざ国まとめ
南北合一
1つになってしまえばこっちのもん、今後は北朝からしか天皇を出さんもんね。

関連事項《じこう》

義満《よしみつ》と守護大名《しゅごだいみょう》…室町《むろまち》時代になると守護《しゅご》の多くが権限《けんげん》を強め、領地《りょうち》の地頭《じとう》や武士《ぶし》などを従《したが》えて領国《りょうごく》全体を支配する守護大名《だいみょう》に成長した。足利《あしかが》義満は土岐《とき》氏《し》、山名《やまな》氏清《うじきよ》、大内義弘《おおうちよしひろ》など有力な守護大名をたおして全国の支配を固め、室町幕府の支配を強めた。

重要用語

室町幕府《むろまちばくふ》…1338年，足利尊氏《あしかがたかうじ》が征夷大将軍《せいいたいしょうぐん》に任命され，京都に幕府を開いた。義《よし》満《みつ》が室町の「花の御所《ごしょ》」で政治《せいじ》を行ったことから室町幕府といい，1573年まで続いた。

年代早覚え　室町時代

1 3　9 7

いざ 急《きゅう》な工事《こうじ》で 金閣《きんかく》つくる

1397《いざきゅうな》年

足利義満《あしかがよしみつ》が金閣を建てる。

義満は，京都《きょうと》の北山《きたやま》に別荘《べっそう》として，公家《くげ》の文化と武士《ぶし》の文化がゆう合した北山文化を代表する金閣を建てた。

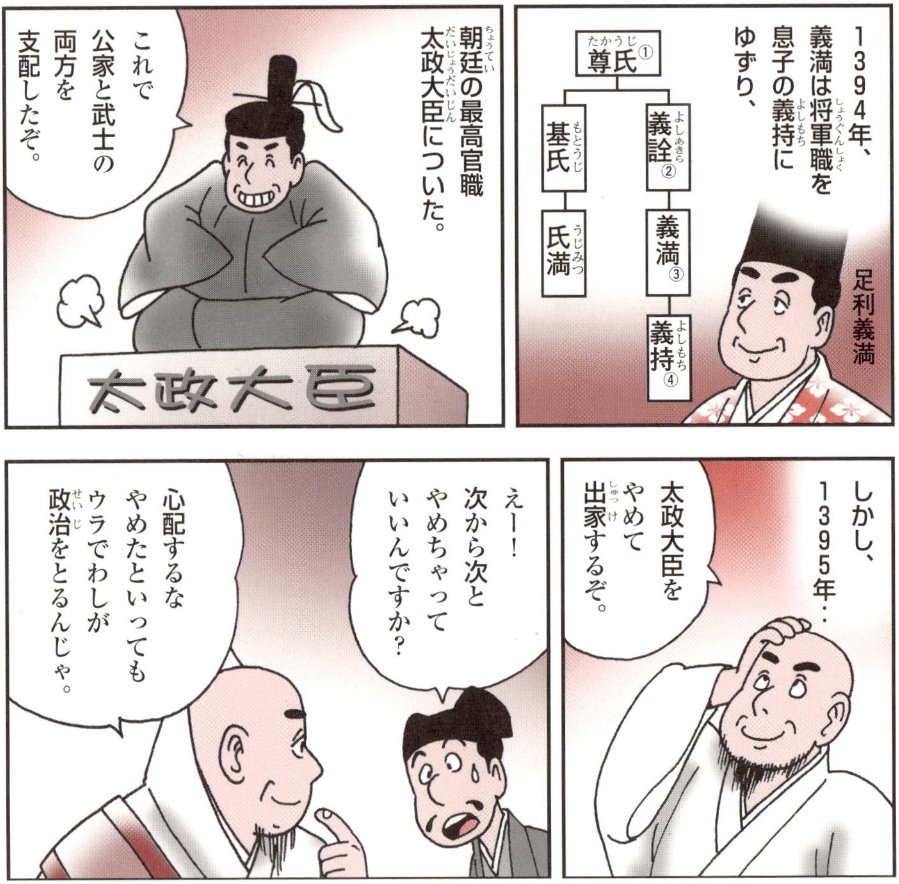

1394年、義満は将軍職《しょうぐんしょく》を息子の義持《よしもち》にゆずり、
尊氏《たかうじ》①
義詮《よしあきら》②
基氏《もとうじ》
義満③
氏満《うじみつ》
義持《よしもち》④
足利義満
朝廷《ちょうてい》の最高官職太政大臣《だいじょうだいじん》についた。
これで公家と武士の両方を支配したぞ。
太政大臣
しかし、1395年…
太政大臣をやめて出家《しゅっけ》するぞ。
えー！次から次とやめちゃっていいんですか？
心配するなやめたといってもウラでわしが政治《せいじ》をとるんじゃ。

関連事項《じこう》

義満《よしみつ》以後の将軍《しょうぐん》…室町幕府《むろまちばくふ》の将軍は、義満以後、義持《よしもち》（4代）→義量《よしかず》（5代）→義教《よしのり》（6代）→義勝《よしかつ》（7代）→義政《よしまさ》（8代）と続いた。しかし幕府は、義満のときとちがって守護大名《しゅごだいみょう》をおさえることができなくなり、細川《ほそかわ》氏や山名《やまな》氏など有力な守護大名の連合政権《せいけん》のようになった。

重要用語

金閣《きんかく》…3階は武家《ぶけ》好みの禅宗《ぜんしゅう》の建築《けんちく》様式で，1階は公家の建築様式である寝殿造《しんでんづくり》。義満の死後に鹿苑寺《ろくおんじ》となる。1950年に焼失し，1955年に再建。世界文化遺産《いさん》。

北山に別荘を建てるぞ！
費用はいくらかかってもかまわんぞ。
しかしそんな予算ありませんが。
全国の守護《しゅご》に出させるのじゃ。
できたぞ！見事なもんじゃろう。
1階は寝殿造《しんでんづくり》
2階は武家《ぶけ》造風
3階は禅宗《ぜんしゅう》の
様式じゃ。
年代早覚え
1397
いざ急な
工事で
金閣つくる
わしのまわりには水墨画《すいぼくが》・連歌《れんが》・猿楽《さるがく》などの名人を集めたが、観阿弥《かんあみ》・世阿弥《ぜあみ》親子を保護《ほご》し、能を発展《はってん》させたのじゃ。
こうして公家文化と武家文化がとけあった北山文化が花開いた。

主要人物紹介《しょうかい》

観阿弥《かんあみ》（1333～1384年）…能《のう》（能楽《のうがく》）の役者で作者。足利義満《あしかがよしみつ》の保護《ほご》を受け、田楽《でんがく》や猿楽《さるがく》などにくふうを加えて能の観世流《かんぜりゅう》を創始《そうし》した。

世阿弥《ぜあみ》（1363～1443年）…観阿弥の子。義満の保護を受け、能の芸術論《げいじゅつろん》『花伝書《かでんしょ》』をあらわし、芸術性の高い能（能楽）を大成《たいせい》した。

重要用語

北山文化《きたやま》…足利義満《あしかがよしみつ》の時代に栄えた，金閣《きんかく》に代表されるはなやかな文化。

能《のう》（能楽《のうがく》）…民間芸能から生まれ，能面をつけた役者が歌や音楽にあわせて舞《ま》う。

年代早覚え　室町時代

1 4 0 4

義満《よしみつ》の 意《い》志《し》を読《よ》み取《と》る 勘合貿易《かんごうぼうえき》

いしをよみとる **1404年**

足利《あしかが》義満が明《みん》と勘合貿易を始める。

義満は，倭寇《わこう》を取りしまり，明との間で勘合を用いた貿易を始め，貿易の利益《りえき》を幕府《ばくふ》の財源《ざいげん》にあてた。

1368年、中国では「元《げん》」が北方に追いやられ「明」が成立していた。
明
中国の明から倭寇の取りしまりと通商の開始を求める使者が来ていますがどうしましょう。
足利義満
倭寇か……、朝鮮《ちょうせん》半島や大陸沿岸《えんがん》へ行き海賊《かいぞく》的な行為《こうい》をはたらく日本人などのことだな…。
倭寇を取りしまれば貿易でもうけることができるチャンスだな。

関連事項《じこう》

倭寇《わこう》…鎌倉《かまくら》時代末期から、北九州《きたきゅうしゅう》や瀬戸内海《せとないかい》の武士《ぶし》や商人、漁民などが、中国《ちゅうごく》や朝鮮《ちょうせん》半島の沿岸《えんがん》に出かけて貿易《ぼうえき》を強要し、うまくいかないと海賊《かいぞく》的な行為《こうい》をはたらいた。足利義満《あしかがよしみつ》が始めた明《みん》との貿易では、この倭寇と正式な貿易船を区別するために勘合《かんごう》が使われた。

重要用語

明《みん》(1368〜1644年)…漢《かん》民族の反乱が各地でおき，1368年，朱元璋《しゅげんしょう》(洪武帝《こうぶてい》)が元《げん》を北方に追って建国した。3代永楽帝《えいらくてい》のときに領土《りょうど》を広げてもっとも栄えた。

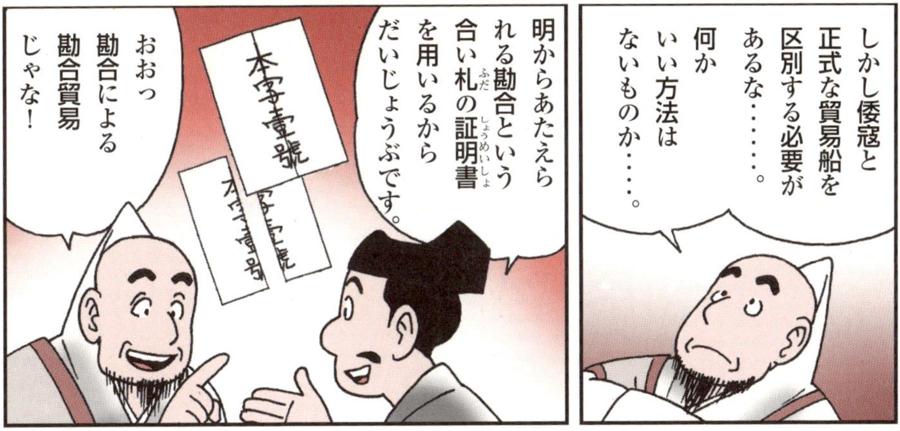
しかし倭寇と正式な貿易船を区別する必要があるな……。
何かいい方法はないものか……。
明からあたえられる勘合という合い札《ふだ》の証明書《しょうめいしょ》を用いるからだいじょうぶです。
本字壹號
おおっ勘合による勘合貿易じゃな！

1404年、勘合による明との貿易が始まった。
わが国からは銅《どう》・硫黄《いおう》・刀剣《とうけん》などを輸出《ゆしゅつ》し、明からは銅銭《どうせん》・生糸《きいと》・絹織物《きぬおりもの》などを輸入して大もうけじゃ。
これで幕府の財政《ざいせい》も安たいじゃ。

▼まわりの国を確認しよう

年代	できごと
1368	中国で元《げん》がほろび，明がおこる
1392	朝鮮《ちょうせん》半島で高麗《コリョ》がほろび，朝鮮国がおこる
1429	琉球《りゅうきゅう》（現在の沖縄《おきなわ》県）で琉球王国が成立する

年代早覚え
義満の意志を読《1404》み取る勘合貿易

関連事項《じこう》

勘合貿易《かんごうぼうえき》を行った人々…室町幕府《むろまちばくふ》をはじめ、博多《はかた》（福岡県《ふくおかけん》）や堺《さかい》（大阪府《おおさかふ》）の商人が大きな利益《りえき》を得た。15世紀後半になると、貿易の実権《じっけん》は博多商人と結んだ大内氏《おおうちし》と、堺商人と結んだ細川氏《ほそかわし》などの有力な守護大名《しゅごだいみょう》がにぎるようになった。

重要用語

勘合《かんごう》…明《みん》は，文字の片半分を印字した合い札（勘合）と底簿《ていぼ》を作成し，日本の貿易船《ぼうえきせん》が持参した勘合と明の底簿がぴたりと合えば正式な貿易船と認《みと》められた。

年代早覚え　　**室町時代**

1 4 6 7

人《ひと》の世《よ》むなしき 応仁《おうにん》の乱《らん》

ひとのよ む なしき

1467年

応仁の乱がおこる。

将軍《しょうぐん》のあとつぎ争いや守護大名《しゅごだいみょう》の対立から応仁の乱がおこり，京都《きょうと》を中心に約11年間争いが続いた。

ききんや悪政で世のなか乱れっぱなしなのに、幕府《ばくふ》は将軍のあとつぎ争いだ。
8代将軍義政《よしまさ》は弟の義視《よしみ》をあとつぎに考えているらしいが、奥方《おくがた》の富子《とみこ》は自分の子の義尚《よしひさ》をあとつぎにしようとしている。
足利義満《あしかがよしみつ》③
義持《よしもち》④
義嗣《よしつぐ》
義教《よしのり》⑥
義量《よしかず》⑤
義勝《よしかつ》⑦
日野富子
義政⑧
義視《よしみ》
義尚《よしひさ》⑨
義視
義政
富子
義尚
この争いに守護大名の細川勝元《ほそかわかつもと》と山名宗全《やまなそうぜん》がからんだから大変だ。
こうして京都に細川方（東軍）約16万、山名方（西軍）約11万の軍勢《ぐんぜい》が集まり、応仁の乱の争いが始まった。

重要用語

応仁《おうにん》の乱（1467～1477年）…守護大名《しゅごだいみょう》が東西の陣営《じんえい》に分かれ，京都《きょうと》を中心に11年間も戦った。京都は焼け野原となり，戦乱は全国に広がり，室町幕府《むろまちばくふ》は無力化した。

主要人物紹介《しょうかい》

足利義政《あしかがよしまさ》（1436～1490年）…室町幕府《むろまちばくふ》の8代将軍《しょうぐん》。政治《せいじ》からはなれて茶の湯や能《のう》（能楽《のうがく》）などの芸術《げいじゅつ》に熱中し、京都《きょうと》の東山《ひがしやま》に銀閣《ぎんかく》を建てた。このころ、簡素《かんそ》で深みのある東山《ひがしやま》文化が栄えた。あとつぎをめぐる争いがおこり、応仁《おうにん》の乱の要因《よういん》となった。妻《つま》は日野富子《ひのとみこ》。

主要人物紹介《しょうかい》

細川勝元《ほそかわかつもと》（1430～1473年）…室町幕府《むろまちばくふ》の管領《かんれい》。応仁《おうにん》の乱の東軍の大将《たいしょう》で、足利義政《あしかがよしまさ》の弟（義視《よしみ》）を支持し、西軍の山名宗全《やまなそうぜん》と戦った。

山名宗全（持豊《もちとよ》）（1404～1473年）…室町幕府の有力な守護大名。応仁の乱では足利義政の子（義尚《よしひさ》）を立てて西軍の大将となった。

東軍は分《ぶ》が悪いな。
こりゃ西軍についた方がよさそうだ。
どっちでも勝ちそうな方につきゃあいいんだ。
ありゃその着物と食い物どうしたんだ？
そこの屋敷《やしき》からいただいたのさ。おれはもうこれを持って国へ帰るぜ。
それじゃドロボウだ！
こんな戦いはうんざりだもう11年も戦っているんだぜ。
あれ？
年代早覚え
人の世むなしき（1467）
応仁の乱
人の物とるなこのドロボウ！
どっちが！
この応仁の乱ののち約100年間続く戦国《せんごく》時代へとつ入する。

重要用語

戦国《せんごく》時代…応仁《おうにん》の乱のころから，下の者が実力で上の者をたおす下剋上《げこくじょう》の風潮《ふうちょう》が高まった。領地《りょうち》をめぐり，戦国大名のはげしい戦いが各地でくり広げられた。

●年代早覚え　室町時代

1　4　　8　8

意地《いじ》がはばをきかす 一向一揆《いっこういっき》

1488《いじがはば》年

加賀《かが》の一向一揆がおこる。

一向宗《しゅう》（浄土真宗《じょうどしんしゅう》）の信者《しんじゃ》が中心となって一揆をおこし，守護大名《しゅごだいみょう》をたおして，約100年間自治《じち》を行った。

応仁《おうにん》の乱のころ蓮如《れんにょ》の広めた浄土真宗が越前《えちぜん》(福井県《ふくい》)吉崎《よしざき》を中心に地元の武士《ぶし》や農民に広まっていった。
蓮如
なむあみだぶつ…。死んだら極楽《ごくらく》へ行けるそうだ。
浄土真宗の信者たちは団結を強めていった。
加賀《かが》(石川県《いしかわ》)の守護富樫家《とがしけ》では、兄弟の間で家督《かとく》争いが続いていたが。
弟をたおすために一向宗(浄土真宗の俗称《ぞくしょう》)の力を借りたい。
1474年富樫政親《まさちか》は弟、幸千代《こうちよ》を破《やぶ》り加賀国を統一《とういつ》した。
見たか一向宗信徒《しんと》の力を！

開運事項《じこう》

農民の成長…室町《むろまち》時代になると農民の団結が進んで地域的なまとまりである惣《そう》(惣村)ができ、有力農民を中心に寄合《よりあい》を開いて村のおきてを決めるなどの自治《じち》を行った。ときには、幕府《ばくふ》や守護大名《しゅごだいみょう》などに対して年貢《ねんぐ》の引き下げなどを要求する土《ど》一揆《いっき》をおこすこともあった。

重要用語

浄土真宗《じょうどしんしゅう》(一向宗《いっこう》)…鎌倉《かまくら》時代に親鸞《しんらん》が開き，地方の武士《ぶし》や農民に広まった。室町《むろまち》時代になると，蓮如《れんにょ》の布教《ふきょう》活動などで近畿《きんき》・東海《とうかい》・北陸《ほくりく》地方に勢力を拡大《かくだい》した。

この加賀国の土地は一向宗信徒でめんどうみよう。
団結しよう。
せっかくわしの国になったのにそうはさせない。
今度は一向宗をほろぼすぞ!
これを知った信徒は政親と戦った。
わしらの協力を忘れたか!
意地でも富樫政親をたおすぞ!
◎年代早覚え
1 4 8 8
意地がはばをきかす 一向一揆
加賀国が一揆に敗れるとは無念《むねん》。

その後、加賀国は約100年間も信徒による自治が行われ百姓《ひゃくしょう》の持ちたる国とよばれた。

▼一揆に関連する年代早覚え

●1428年…正長《しょうちょう》の土《ど》《つち》一揆《いっき》がおこる

いっしょにやろう 正長の土一揆（1 4 2 8）

京都周辺の馬借《ばしゃく》(馬を使った運送業者)が,正長元年(1428年)に徳政令《とくせいれい》(借金を帳消しにする法令)を出すことを幕府に求めておこした一揆。

関連事項《じこう》

一揆《いっき》の種類…農民(土民《どみん》)が集団で幕府《ばくふ》や守護大名《しゅごだいみょう》に要求をうったえたり、高利貸《か》しをおそったりすることを土《ど》一揆という。ほかに徳政令《とくせいれい》(借金を帳消しにする法令)を要求する徳政一揆、地侍《じざむらい》を中心に守護大名の支配に反抗《はんこう》する国一揆、浄土真宗《じょうどしんしゅう》の信者《しんじゃ》らによる一向《いっこう》一揆。

重要用語

加賀《かが》の一向一揆《いっこういっき》…加賀(石川県)で1488年,一向宗《しゅう》の信者《しんじゃ》らが守護《しゅご》の富樫《とがし》氏をほろぼした。以後,一向宗の僧《そう》・地侍《じざむらい》(国人《こくじん》)・農民が合議制(寄合《よりあい》)で加賀を支配した。

●年代早覚え

室町時代

人《1》《ひと》々《びと》よ《4》うや《8》く《9》 銀閣《ぎんかく》建《た》てる

1《ひとびと》4《よう》8《や》9《く》年

足利義政《あしかがよしまさ》が銀閣を建てる。

義政は，京都《きょうと》の東山《ひがしやま》に，簡素《かんそ》で気品のある東山文化を代表する銀閣を建てた。

応仁《おうにん》の乱で焼け野原になった京都に活気がもどり始めたころ。
富子《とみこ》お前はお金の計算ばかりだな。
世のなかすべてお金よ。
そういうあなたは将軍《しょうぐん》のくせに政治《せいじ》をとらず遊んでばかりじゃないの。
足利義政
日野富子
ふんっ! 政治などもうどうでもいい。
将軍職は息子《むすこ》の義尚《よしひさ》にゆずってわしはいん居《きょ》だ。
東山に別荘《べっそう》をつくろう。

重要用語

銀閣《ぎんかく》… 1 階は書院造《しょいんづくり》，2 階は禅宗寺院風《ぜんしゅうじいんふう》で，銀ぱくをはる予定だったという。境内《けいだい》の東求堂《とうぐどう》や庭園とともに，東山《ひがしやま》文化を代表する建物。義政《よしまさ》の死後に慈照寺《じしょうじ》となる。

主要人物紹介《しょうかい》

日野《ひの》富子《とみこ》（1440～1496年）…8代将軍《しょうぐん》足利義政《あしかがよしまさ》の妻《つま》で、9代将軍義尚《よしひさ》の母。義政より実権《じっけん》があり、高利貸《こうりが》しなどで政治《せいじ》を乱した。

足利義尚（1465～1489年）…室町幕府《むろまちばくふ》の9代将軍。応仁《おうにん》の乱の中心人物の一人で、義視《よしみ》（義政の弟）と将軍職を争った。

関連事項《じこう》

文化の地方への広がり…京都の公家《くげ》(貴族《きぞく》)や僧《そう》が、応仁《おうにん》の乱の戦乱をのがれて地方に移り住んだことから、文化が地方に広まった。水墨《すいぼく》画《が》(すみ絵)を大成した雪舟《せっしゅう》(1420～1506年)は戦国大名の大内氏《おおうちし》の保護《ほご》を受け、その城下町・山口で絵をえがいた。

ようやくいくさが終わったと思ったら、今度は山荘《さんそう》づくりか。
まったくいい迷惑《めいわく》だ。

どうじゃシブい建物だろう。
武家《ぶけ》と公家《くげ》の文化がまじりあった東山文化の誕生《たんじょう》だ。
年代早覚え
1489
人々ようやく
銀閣建てる

▼室町時代の文化

北山文化《きたやま》(足利義満《よしみつ》のころ)

●能《のうがく》(能楽)…観阿弥《かんあみ》・世阿弥《ぜあみ》

東山文化《ひがしやま》(足利義政のころ)

●水墨画《すいぼくが》…雪舟《せっしゅう》　●おとぎ話

●書院造《しょいんづくり》(床《とこ》の間があり，たたみがしかれた，現代の和風建築のもとになった建築様式)

東山文化を中心に能《のう》(能楽《のうがく》)・狂言《きょうげん》・茶《ちゃ》の湯《ゆ》・生け花・水墨画《すいぼくが》などの文化も地方へ広がっていった。

重要用語

東山文化《ひがしやま》…銀閣《ぎんかく》を建てた義政《よしまさ》の時代に栄えた，簡素《かんそ》で深みのある文化。書院造《しょいんづくり》(現代の和風建築のもと)，水墨画《すいぼくが》，能《のう》(能楽《のうがく》) 狂言《きょうげん》，茶の湯，生け花，おとぎ話など。

時代のまとめ

○平氏《へいし》の政治《せいじ》～鎌倉《かまくら》時代の文化

平 清盛《たいらのきよもり》…保元《ほうげん》の乱と平治《へいじ》の乱に勝利し政治の実権《じっけん》をにぎる→武士《ぶし》として初の**太政大臣《だいじょうだいじん》**になる→貴族《きぞく》的な政治。

鎌倉幕府《ばくふ》…壇ノ浦《だんのうら》の戦いで平氏滅亡《めつぼう》→**守護《しゅご》**・**地頭《じとう》**の設置《せっち》→**源《みなもとの》 頼朝**が征夷大将軍《せいいたいしょうぐん》→将軍と御家人《ごけにん》が**御恩《ごおん》**と**奉公《ほうこう》**の関係。

執権《しっけん》政治…北条《ほうじょう》氏。承久《じょうきゅう》の乱→**御成敗式目《ごせいばいしきもく》**(北条泰時《やすとき》)。

元寇《げんこう》…フビライの元軍が2度九州《きゅうしゅう》北部に来襲《らいしゅう》→北条時宗《ときむね》が退《しりぞ》ける→**永仁《えいにん》の徳政令《とくせいれい》**を出す→幕府が弱体化。

産業…二毛作《にもうさく》の広まり，定期市《ていきいち》，座《ざ》の結成。

新しい仏教《ぶっきょう》…浄土宗《じょうどしゅう》(法然《ほうねん》)，**浄土真宗《しんしゅう》**(**親鸞《しんらん》**)，時《じ》宗(一遍《いっぺん》)，日《にち》蓮《れん》宗(日蓮)，禅《ぜん》宗→臨済《りんざい》宗(栄西《えいさい》)，曹洞《そうとう》宗(道元《どうげん》)。

文化…素ぼくで力強い→金剛力士像《こんごうりきしぞう》，『平家《へいけ》物語』

○建《けん》武《む》の新政～室《む》町《ろまち》時代の文化

建武《けんむ》の新政…鎌倉幕府がほろぶ→**後醍醐天皇《ごだいごてんのう》**がみずから政治を行う→公家《くげ》(貴族《きぞく》)中心で武士に不満→失敗。

室町幕府…足利尊氏《あしかがたかうじ》が新しい天皇を立てる(北朝《ほくちょう》)→南北朝《なんぼくちょう》時代→尊氏が征夷大将軍になり京都《きょうと》に幕府を開く。

足利義満《よしみつ》…「花の御所《ごしょ》」に幕府を移《うつ》す→南北朝を1つにまとめる→**倭寇《わこう》**を取りしまり明(中国)と**勘合貿易《かんごうぼうえき》**を始める。

民衆《みんしゅう》の成長…農民が**寄合《よりあい》**を開く→村のおきてなどを決める。**徳政令**や年貢《ねんぐ》の引き下げなどを求めて**土《ど》《つち》一揆《いっき》**をおこす。

応仁《おうにん》の乱…足利義政《よしまさ》のあとつぎ争いや守護大名の対立などが原因→**下剋上《げこくじょう》の風潮《ふうちょう》**が広がり，各地に戦国大名。

文化…金閣《きんかく》(義満)，銀閣《ぎんかく》(義政)，**書院造《しょいんづくり》**(現代の和風建築のもと)，水墨画《すいぼくが》(雪舟《せっしゅう》)，能《のう》(能楽《のうがく》)(観阿弥《かんあみ》・世阿弥《ぜあみ》親子)。

年代スピードチェック

	答え
□① 武士をもまきこんだ**保元《ほうげん》の乱**がおこったのは何年ですか。	①1156年
□② 平清盛《たいらのきよもり》と 源義朝《みなもとのよしとも》が戦った**平治《へいじ》の乱**がおこったのは何年ですか。	②1159年
□③ **清盛**が武士としてはじめて**太政大臣《だいじょうだいじん》**になったのは何年ですか。	③1167年
□④ **源氏《げんじ》が平氏《へいし》打倒《だとう》の兵をあげた**のは何年ですか。	④1180年
□⑤ **壇ノ浦《だんのうら》の戦い**で平氏がほろんだのは何年ですか。	⑤1185年
□⑥ 源頼朝が**守護《しゅご》・地頭《じとう》**を設置《せっち》したのは何年ですか。	⑥1185年
□⑦ 頼朝が**征夷大将軍《せいいたいしょうぐん》**となったのは何年ですか。	⑦1192年
□⑧ 大陸で**モンゴル帝国《ていこく》**が成立したのは何年ですか。	⑧1206年
□⑨ 後鳥羽上皇《ごとばじょうこう》が**承久《じょうきゅう》の乱**をおこしたのは何年ですか。	⑨1221年
□⑩ 執権北条泰時《しっけんほうじょうやすとき》が**御成敗式目《ごせいばいしきもく》**を定めたのは何年ですか。	⑩1232年
□⑪ 元軍《げんぐん》が九州《きゅうしゅう》に来襲《らいしゅう》した**文永《ぶんえい》の役《えき》**がおこったのは何年ですか。	⑪1274年
□⑫ 元軍が再《ふたた》び来襲した**弘安《こうあん》の役**がおこったのは何年ですか。	⑫1281年
□⑬ 御家人《ごけにん》を救うために**永仁《えいにん》の徳政令《とくせいれい》**を出したのは何年ですか。	⑬1297年
□⑭ 足利尊氏《あしかがたかうじ》らが**鎌倉幕府《かまくらばくふ》をほろぼした**のは何年ですか。	⑭1333年
□⑮ **足利尊氏が征夷大将軍**になり幕府を開いたのは何年ですか。	⑮1338年
□⑯ 足利義満《よしみつ》が**南北朝《なんぼくちょう》を合一《ごういつ》**させたのは何年ですか。	⑯1392年
□⑰ 義満が京都《きょうと》の北山《きたやま》に**金閣《きんかく》**を建てたのは何年ですか。	⑰1397年
□⑱ 義満が明《みん》(中国)と**勘合貿易《かんごうぼうえき》**を始めたのは何年ですか。	⑱1404年
□⑲ 近江《おうみ》で馬借《ばしゃく》らが**正長《しょうちょう》の土《ど》《つち》一揆《いっき》**をおこしたのは何年ですか。	⑲1428年
□⑳ 京都《きょうと》を中心として**応仁《おうにん》の乱**がおこったのは何年ですか。	⑳1467年
□㉑ **加賀《かが》の一向《いっこう》一揆**がおこったのは何年ですか。	㉑1488年
□㉒ 足利義政《よしまさ》が京都の東山《ひがしやま》に**銀閣《ぎんかく》**を建てたのは何年ですか。	㉒1489年

第3章 武士《ぶし》の世のなか

年代暗記 13

●年代早覚え

室町時代

1 49 2
意欲《いよく》に燃《も》える コロンブス

1492《いよくに》年

コロンブスがアメリカにとう達する。

コロンブスは西回りのアジアへの航路《こうろ》を開くために大西洋《たいせいよう》を横断《おうだん》し，西インド諸島《しょとう》にとう達した。

マルコ＝ポーロの『東方見聞録《とうほうけんぶんろく》』によると、東洋《とうよう》には黄金の国ジパングがあるそうだ。
行ってみよう！
バカをいうな！西には海のはてがあって滝《たき》になっているぞ。
コロンブス
行ってみたのか？
い……いや聞いた話だが。
見てもいないのにいい加減《かげん》なこというな。
地理学者トスカネリは地球は丸いといっている。
西へ行けば必ずインドやジパングに着く。

参考 **新航路開拓《かいたく》の背景**…ヨーロッパ人は香辛料《こうしんりょう》などを手に入れるため，アジアへの直接航路を求めた。羅針盤《らしんばん》の改良や地理学・天文学の発達など，航海技術《ぎじゅつ》も進歩した。

主要人物紹介《しょうかい》

マルコ＝ポーロ（1254～1324年）…イタリアのベネチアの商人の子で、父とともに元《げん》を訪《おとず》れ、フビライ＝ハンに17年もつかえた。帰国後に『東方見聞録《とうほうけんぶんろく》』で日本を〝黄金の国〟と紹介《しょうかい》し、ヨーロッパ人のアジアへの関心を高めた。

主要人物紹介《しょうかい》

コロンブス（1446?～1506年）…アメリカへの航路開拓《かいたく》のきっかけをつくったイタリア人。スペイン国王の援助《えんじょ》を受け、大西洋《たいせいよう》から西回りでインドに向けて航海し、1492年に西インド諸島《しょとう》にとう達した。ここを、死ぬまでインドの一部と信じていた。

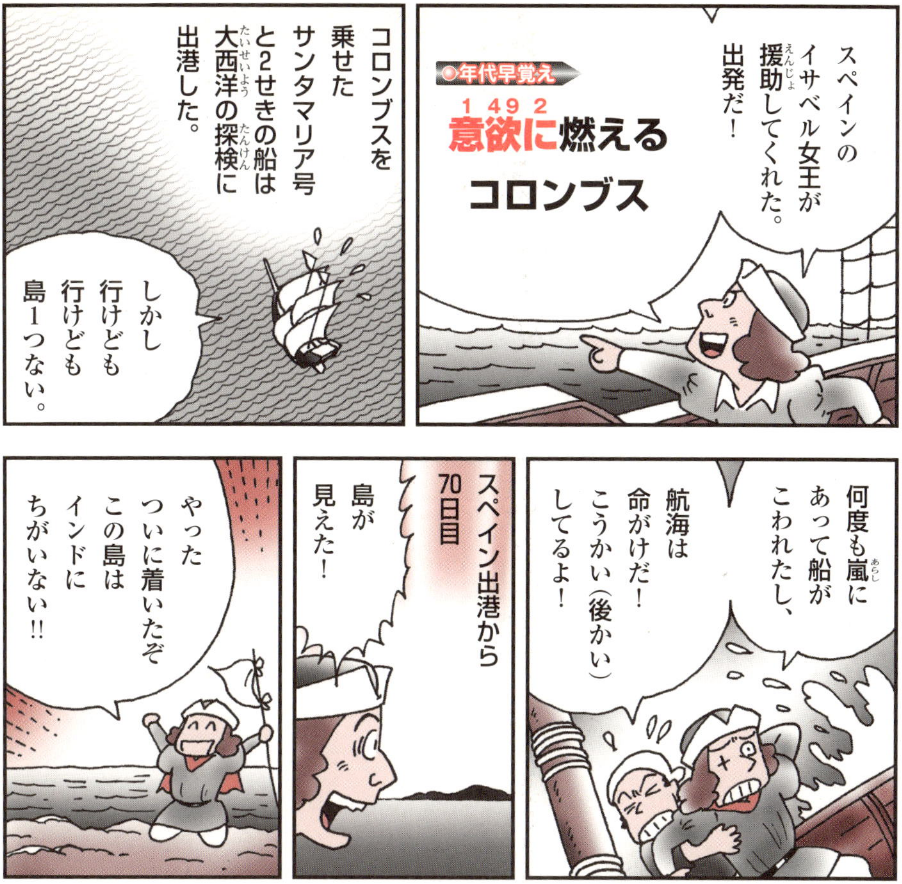
スペインのイサベル女王が援助《えんじょ》してくれた。出発だ！
●年代早覚え
1492
意欲に燃える
コロンブス
コロンブスを乗せたサンタマリア号と2せきの船は大西洋《たいせいよう》の探検《たんけん》に出港した。
しかし行けども行けども島1つない。
何度も嵐《あらし》にあって船がこわれたし、
航海は命がけだ！こうかい（後かい）してるよ！
スペイン出港から70日目
島が見えた！
やったついに着いたぞこの島はインドにちがいない!!

その後コロンブスは4度にわたって航海し、周辺の島々を確認《かくにん》したが・・・。
ずーっとインドだと思ってる。
インド…

▼世界のできごとの年代早覚え

●1498年…バスコ＝ダ＝ガマがインド航路を発見

意欲は《1498》十分 バスコ＝ダ＝ガマ

●1517年…宗教改革《しゅうきょうかいかく》が始まる

以後《15》 自由な《17》名で 宗教改革

●1522年…マゼラン船隊が世界一周を達成

以後《15》 ニコニコ《22》 太平洋《たいへいよう》回り

参考

新航路の開拓《かいたく》…1492年にコロンブスが西インド諸島《しょとう》に達し，1498年にバスコ＝ダ＝ガマがインド航路を発見し，1522年にマゼラン船隊が世界一周を達成した。

●年代早覚え　室町時代

以後《1 5》《いご》 予算《4 3》《よさん》が増《ふ》えた 鉄砲伝来《てっぽうでんらい》

いごよさん
1543年

ポルトガル人が鉄砲を伝える。

種子島《たねがしま》に流れ着いたポルトガル人が，日本に鉄砲を伝えた。戦国大名《せんごくだいみょう》などが注目し，日本じゅうに広まった。

主要人物紹介《しょうかい》

ポルトガル人…彼らを乗せた中国船が、シャム(タイ)から中国の明《みん》へ向かうとちゅうで難破《なんぱ》して種子島《たねがしま》に漂着《ひょうちゃく》した。このときのポルトガル人が、最初に来日したヨーロッパ人である。インド航路を開拓《かいたく》したポルトガルは、当時、アジアでの貿易《ぼうえき》を独占《どくせん》していた。

1543年、九州《きゅうしゅう》の種子島に流れ着いたポルトガル人が鉄砲をもっていた。
ズドーン
うわぁ！こりゃすごいや！
この武器は売り物になる。
これを堺《さかい》(大阪《おおさか》)でつくってもうけるぞ。
天下を取るために鉄砲がほしいぞ。
しかし高くて金がかかりまっせ。
かまわんドンドン買うぞ！
●年代早覚え
以後《1 5》 予算《4 3》が増えた
鉄砲伝来

くわしく

鉄砲《てっぽう》の製造…鉄砲が急速に広まると，日本でも堺《さかい》(大阪府《おおさかふ》)・根来《ねごろ》(和歌山《わかやま》県)・国友《くにとも》(滋賀《しが》県)などで，鉄砲鍛冶《かじ》とよばれる職人が鉄砲を製造《せいぞう》するようになった。

関連事項《じこう》

鉄砲《てっぽう》と戦国大名《せんごくだいみょう》…戦国大名は新しい武器《ぶき》として鉄砲に注目し、山城《やまじろ》にかわって、平地に石垣《いしがき》や厚い壁《かべ》の平城《ひらじろ》をつくるようになった。戦いは、一騎《いっき》うちなどの騎馬《きば》戦法から、足軽《あしがる》鉄砲隊を中心とする集団戦法に変わり、勝敗が早くつき天下統一を早めた。

亡《な》き父、信玄《しんげん》の遺志《いし》をつぎ天下を取るために京へ進軍する。
とちゅうで徳川《とくがわ》・織田《おだ》を粉《ふん》さいしてゆくぞ！
武田勝頼《たけだかつより》
長篠《ながしの》
織田・徳川の軍は多数の鉄砲をそろえています。
鉄砲は一度うったらすぐには使えんおそれるにたりんわ。
天下無敵《てんかむてき》武田騎馬隊《きばたい》の力を見せてやる。
ズドーン
うわぁ！連続してうってくる！
三千丁《ちょう》の鉄砲を3段構《がま》えで連続発射《はっしゃ》できるようにしたのじゃうて！うて！
織田信長《おだのぶなが》
武田軍うち破《やぶ》ったり！これからは鉄砲の時代じゃ。
年代早覚え
鉄砲で
人《1》こ《5》な《7》ご《5》な
長篠《ながしの》で

重要用語

長篠《ながしの》の戦い…1575年，織田信長《おだのぶなが》・徳川家康《とくがわいえやす》の連合軍が，足軽《あしがる》（身軽な歩兵）の鉄砲《てっぽう》隊を組織して，甲斐《かい》（山梨《やまなし》県）の武田勝頼《たけだかつより》（武田信玄《しんげん》の子）の騎馬《きば》隊を破《やぶ》った。

年代早覚え　室町時代

1 5 4 9
以後《いご》 よく 広《ひろ》まる キリスト教《きょう》

いごよく
1549年

ザビエルがキリスト教を伝える。

イエズス会の宣教師《せんきょうし》フランシスコ=ザビエルが，日本に来てキリスト教を伝えた。

1549年
鹿児島《かごしま》
わたしはスペインの宣教師です。
フランシスコ=ザビエル
日本にキリスト教を伝えにきました。
きるひと？何を切る人？
キリスト教を広めるお許《ゆる》しを。
いいだろう。そのかわりわが島津《しまづ》との貿易《ぼうえき》をたのむぞ。
神はだれにでも平等です。信じる者は救われます。
へぇ平等か・・・・。

主要人物紹介《しょうかい》

フランシスコ=ザビエル（1506～1552年）…宗教改革《しゅうきょうかいかく》の時期、カトリックの勢力回復《せいりょくかいふく》をはかるためにイエズス会を結成したスペイン人宣教師《せんきょうし》。インドや東南アジアで布教《ふきょう》をしたあと1549年に来日し、約2年間、鹿児島《かごしま》・山口《やまぐち》・大分《おおいた》などでキリスト教を広めた。

重要用語

キリスト教…1世紀《せいき》ごろイエス=キリストが説《と》いた，「神を信じる者はだれでも救われる」という教え。宣教師《せんきょうし》は，キリスト教を外国で広める役目をもった人。

日本人は礼儀《れいぎ》正しく素直《すなお》です。これならキリスト教もすぐに広まるでしょう。
あとをたのみます。
フランシスコ＝ザビエルは鹿児島・平戸《ひらど》・山口《やまぐち》・大分《おおいた》などで布教《ふきょう》し2年ほどで日本を去った。
その後も多くの宣教師が来日して布教活動を続けキリスト教は西日本を中心に広まった。
年代早覚え
以後《15》よく《49》広まる
キリスト教
わしも貿易でひともうけしたいから信者になろう。
九州《きゅうしゅう》の大村《おおむら》・大友《おおとも》・有馬《ありま》の3氏は、1582年にローマ教皇《きょうこう》のもとに少年使節を送った。
わしはキリスト教を保護《ほご》してやろう。
南蛮《なんばん》貿易もしたいし……、仏教勢力《ぶっきょうせいりょく》に苦労しているのでそれに対抗《たいこう》する新しい宗教《しゅうきょう》も必要だからな。
織田信長《おだのぶなが》

関連事項《じこう》

少年使節…キリシタン大名の大村純忠《おおむらすみただ》、大友宗麟《おおともそうりん》(義鎮《よししげ》)、有馬晴信《ありまはるのぶ》は1582年、伊東《いとう》マンショら4人の少年使節をスペイン国王とローマ教皇《きょうこう》のもとに送り、彼らは各地で大歓迎《だいかんげい》された。しかし、1590年に帰国したとき、日本ではキリスト教が禁止されていた。

重要用語

南蛮貿易《なんばんぼうえき》…ポルトガルやスペインの商船が日本に来るようになり，日本は鉄砲《てっぽう》・火薬・毛織物《けおりもの》・中国《ちゅうごく》の生糸《きいと》などを輸入《ゆにゅう》し，銀・刀剣《とうけん》・漆器《しっき》などを輸出した。

●年代早覚え　　室町時代

1 5 7 3

一言《ひとこと》なみだの 室町滅亡《むろまちめつぼう》

1573《ひとことなみだ》年

織田信長《おだのぶなが》が室町幕府《ばくふ》をほろぼす。

信長は将軍足利義昭《しょうぐんあしかがよしあき》を京都から追放し，室町幕府をほろぼし，天下統一をすすめた。

1565年、将軍足利義輝《よしてる》が殺され、弟の義昭は京都をのがれ織田信長のもとに身をよせた。
足利義昭
助けてくれ。
おまかせを京へお連れし将軍職におつかせしましょう。
織田信長
天下を取るチャンスだ！
1568年の9月、信長は義昭を連れて京へ入り義昭は室町幕府の15代将軍となり信長は後見人となった。
あーせい
こーせい
しかし……、将軍とは名ばかりでほとんど信長が仕切っている。
ふゆかいだ。

主要人物紹介《しょうかい》

織田信長《おだのぶなが》(1534~1582年)…尾張《おわり》(愛知《あいち》県)出身の戦国大名。天下統一《とういつ》をめざしたが、家来の明智光秀《あけちみつひで》による本能寺《ほんのうじ》の変でたおれた。桶狭間《おけはざま》の戦いで今川氏《いまがわし》、長篠《ながしの》の戦いで武田《たけだ》氏を破《やぶ》り、楽市《らくいち》・楽座《らくざ》を実施《じっし》し、仏教勢力《ぶっきょうせいりょく》をおさえてキリスト教を保護《ほご》した。

参考

天下布武《てんかふぶ》…織田信長《おだのぶなが》の天下統一《とういつ》の意気ごみは，武力《ぶりょく》で天下を支配する意味の「天下布武」の印によく表れているが，目前にしてその夢《ゆめ》は実現《じつげん》できなかった。

主要人物紹介《しょうかい》

足利義昭《あしかがよしあき》（１５３７～１５９７年）…室町幕府《むろまちばくふ》最後の15代将軍《しょうぐん》。織田信長《おだのぶなが》とともに京都《きょうと》に入ったが、のちに信長と対立して追放された。

浅井《あざい》・朝倉《あさくら》氏…１５７０年の姉川《あねがわ》の戦いで、近江《おうみ》の浅井長政《ながまさ》と越前《えちぜん》の朝倉義景《よしかげ》の連合軍が信長と徳川家康《とくがわいえやす》の連合軍に敗《やぶ》れた。

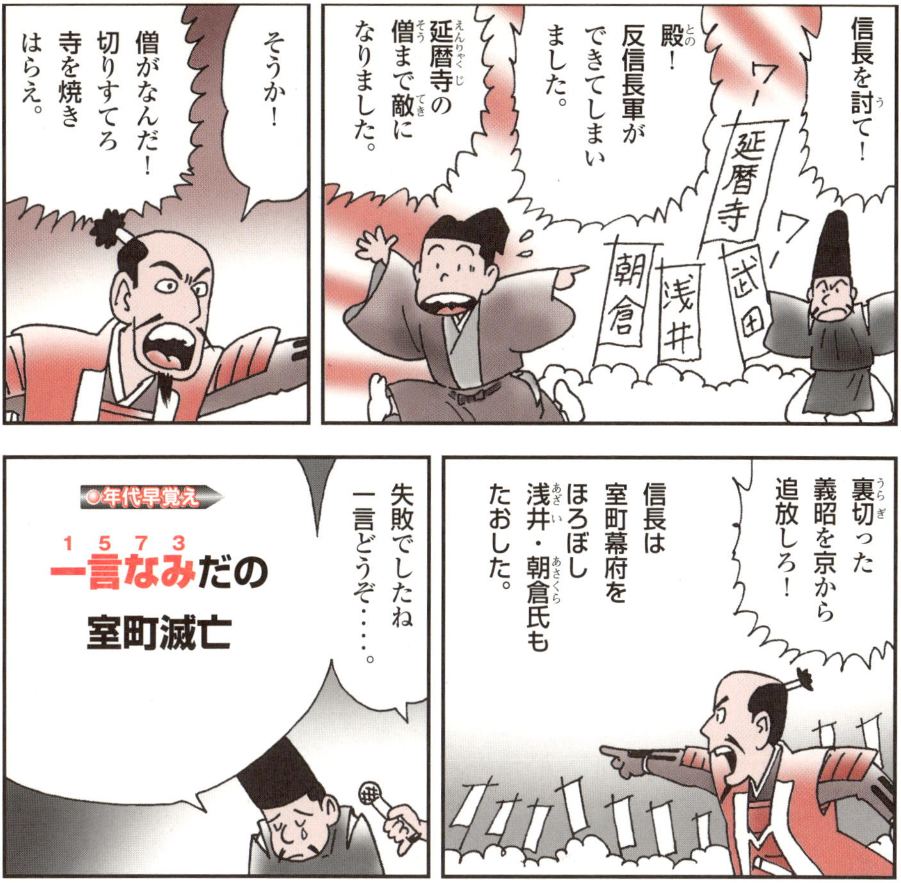

信長を討《う》て！
ワー
延暦寺
ワー
武田
浅井
朝倉
殿《との》！反信長軍ができてしまいました。
延暦寺《えんりゃくじ》の僧《そう》まで敵《てき》になりました。
そうか！
僧がなんだ！切りすてろ寺を焼きはらえ。
裏切《うらぎ》った義昭を京から追放しろ！
信長は室町幕府をほろぼし浅井《あざい》・朝倉《あさくら》氏もたおした。
失敗でしたね一言どうぞ・・・・。
年代早覚え
1 5 7 3
一言なみだの室町滅亡

各地の一揆《いっき》もしずめ近畿《きんき》地方もおさえた。安土《あづち》に城も築いたし、
名実ともに天下人《てんかびと》じゃ。わっはははは。

▼織田信長についての年代早覚え

●1560年…桶狭間《おけはざま》の戦いがおこる

1 5 6 0
いいころ おそって 桶狭間

●1577年…楽市《らくいち》・楽座《らくざ》を行う

1 5 7 7
以後 ななんと 安土を 楽市に

●1582年…本能寺《ほんのうじ》の変がおこる

1 5 8 2
行こうぞ やにわに 本能寺

くわしく　信長《のぶなが》と宗教《しゅうきょう》…延暦寺《えんりゃくじ》焼きうちや石山本願寺《いしやまほんがんじ》（一向一揆《いっこういっき》の中心）との戦いなど仏教《ぶっきょう》にはきびしい反面，仏教勢力《せいりょく》への対抗《たいこう》や西洋文化への興味《きょうみ》からキリスト教を保護《ほご》した。

●年代早覚え　安土桃山時代

1 59 0
一国《いっこく》は ついに統一《とういつ》 秀吉《ひでよし》さん

1590《いっこくは》年

豊臣《とよとみ》秀吉が全国を統一する。

秀吉は，織田信長《おだのぶなが》のあとをつぎ，四国《しこく》・九州《きゅうしゅう》，関東《かんとう》・東北《とうほく》地方の大名《だいみょう》を従《したが》えて天下を統一した。

主要人物紹介《しょうかい》

豊臣秀吉《とよとみひでよし》（1536〜1598年）…尾張《おわり》（愛知《あいち》県）の足軽《あしがる》の子に生まれ、織田信長《おだのぶなが》の家臣《かしん》となって出世《しゅっせ》し、1590年に天下統一《とういつ》をはたした。大阪城《おおさかじょう》を築き、太閤検地《たいこうけんち》と刀狩《かたながり》を行い、朝鮮《ちょうせん》をしん略《りゃく》した。木下藤吉郎《きのしたとうきちろう》や羽柴秀吉《はしばひでよし》と名を変え、関白《かんぱく》をやめてからは太閤とよばれた。

1582年、高松《たかまつ》城（岡山《おかやま》県）
大変です 信長様が 明智光秀《あけちみつひで》の 裏切《うらぎ》りにあい 本能寺《ほんのうじ》で ご自害《じがい》！
なに！
豊臣 秀吉
殿《との》のかたきは わしがとる！
信長様の 遺志《いし》を受けつぎ 天下を 統一するのは わしじゃ！
秀吉は京都《きょうと》 山崎《やまざき》の戦いで 明智光秀を うち破《やぶ》り、
ワー
ワー
織田家 筆頭《ひっとう》家老《がろう》 柴田勝家《しばたかついえ》を たおした。

参考

秀吉《ひでよし》と朝廷《ちょうてい》…秀吉は幕府《ばくふ》を開かず，朝廷から関白《かんぱく》・太政大臣《だいじょうだいじん》という高い位に任命《にんめい》され，豊臣《とよとみ》の姓《せい》をあたえられたように，朝廷の権威《けんい》を借りて政治《せいじ》を行った。

関連事項《じこう》

天下統一《とういつ》への道…明智光秀《あけちみつひで》（1528?～1582年）を破《やぶ》った秀吉《ひでよし》は、1583年に柴田勝家《しばたかついえ》を破り（賤ケ岳《しずがたけ》の戦い）、1585年に長宗《ちょうそ》我部元親《かべもとちか》をくだし（四国平定）、1587年に島津氏《しまづし》を従《したが》え（九州《きゅうしゅう》平定）、1590年に北条氏《ほうじょう》をほろぼし、東北の伊達政宗《だてまさむね》も服属《ふくぞく》させた。

大阪城《おおさかじょう》もできたここを天下統一の本きょ地にするぞ。
1585年秀吉は関白《かんぱく》の位までのぼりつめた。
九州《きゅうしゅう》の島津《しまづ》もおさえたしあとは関東《かんとう》の北条氏《ほうじょうし》だな。
北条
1590年小田原《おだわら》城（神奈川《かながわ》県）
秀吉の勢《いきお》いには勝てん降伏《こうふく》じゃ！
ついに天下統一をなしとげたわっはははは。
◎年代早覚え
一国は《1590》
ついに統一
秀吉さん

▼豊臣秀吉についての年代早覚え

●1582年…検地《けんち》を開始する
どうでも いいやに《1582》 太閤《たいこう》検地

●1583年…大阪城ができる
以後は《158》 見《3》事な 大阪城

●1588年…刀狩《かたながり》を行う
以後《15》 はば《88》 きかす 刀狩

●1592年…朝鮮しん略
異国に《1592》 わたるぞ 朝鮮しん略

その天下いっこくも早くうばい取らんと。
わしももう年だしね。
徳川家康《とくがわいえやす》

参考

兵農分離《へいのうぶんり》…秀吉《ひでよし》は年貢《ねんぐ》を確実《かくじつ》に取り立てるために太閤検地《たいこうけんち》，農民の一揆《いっき》を防ぐために刀狩《かたながり》を行った。この結果，武士と農民の身分を区分する兵農分離がすすんだ。

●年代早覚え　安土桃山時代

家康《いえやす》は 一路雄々《1600》《いちろおお》しく 関ヶ原《せきがはら》

1600《いちろおおしく》年

関ヶ原の戦いがおこる。

徳川《とくがわ》家康は，関ヶ原の戦いで豊臣《とよとみ》氏をもり立てようとする石田三成《いしだみつなり》を破《やぶ》り，全国を支配し，政治《せいじ》の実権《じっけん》をにぎった。

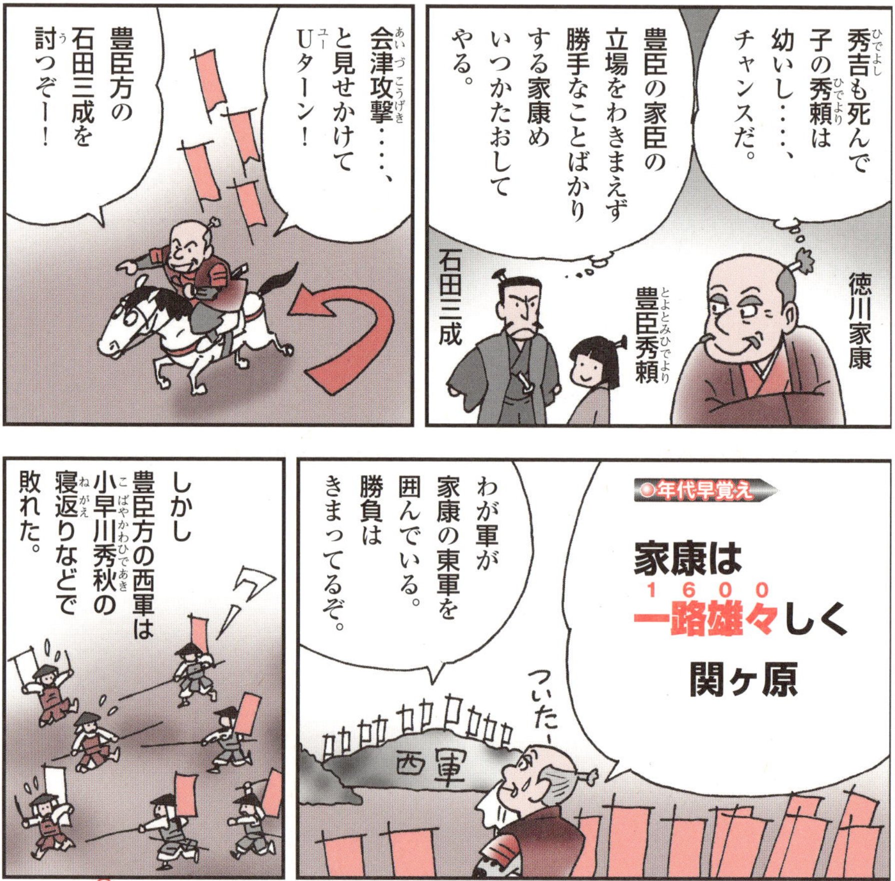
秀吉《ひでよし》も死んで子の秀頼《ひでより》は幼いし…、チャンスだ。
豊臣の家臣の立場をわきまえず勝手なことばかりする家康めいつかたおしてやる。
徳川家康
豊臣秀頼《とよとみひでより》
石田三成
会津攻撃《あいづこうげき》……、と見せかけてU《ユー》ターン!
豊臣方の石田三成を討《う》つぞー!
わが軍が家康の東軍を囲んでいる。勝負はきまってるぞ。
●年代早覚え
家康は
一路雄々《1600》しく
関ヶ原
ついたー
西軍
しかし豊臣方の西軍は小早川秀秋《こばやかわひであき》の寝返《ねがえ》りなどで敗れた。

主要人物紹介《しょうかい》

徳川家康《とくがわいえやす》(1542~1616年)…三河《みかわ》(愛知《あいち》県)の小大名《だいみょう》の子で、長く織田《おだ》・今川《いまがわ》氏の人質《ひとじち》を経験《けいけん》した。関ヶ原《せきがはら》の戦いで石田三成《いしだみつなり》(1560~1600年)を破《やぶ》り、江戸幕府《えどばくふ》を開き、大阪《おおさか》の陣《じん》で豊臣《とよとみ》氏をほろぼした。将軍《しょうぐん》を退《しりぞ》いてからも、大御所《おおごしょ》として幕政《ばくせい》を主導《しゅどう》した。

重要用語

関ヶ原《せきがはら》の戦い…岐阜《ぎふ》県西部での，ほとんど全国の大名がまきこまれた「天下分け目の戦い」。西軍の小早川秀秋《こばやかわひであき》(豊臣秀吉《とよとみひでよし》のおい)の寝返《ねがえ》りが勝敗を左右した。

関ヶ原の戦いに勝ち天下の実権をにぎった家康は、1603年征夷大将軍《せいいたいしょうぐん》に任命《にんめい》された。
信長と秀吉に長いこと仕《つか》えてきたがやっとわしの天下じゃ。

織田《おだ》がつき羽柴《はしば》がこねし天下もち。
座《すわ》りしままに食うは徳川……。
織田
徳川
羽柴

……そのためにものちの徳川のためにも豊臣秀頼をほろぼしておかんとな。
1615年、大阪《おおさか》夏の陣《じん》で大阪城は落城豊臣氏は完全にほろびた。
年代早覚え
家康は一路王座《おうざ》にまっしぐら
1603

おつかれさん。今度は一路あの世へまっしぐらじゃ。
よせっ、まだやることがあるんだ!

開運事項《じこう》

大阪《おおさか》の陣《じん》…江戸幕府《えどばくふ》が開かれても、豊臣氏《とよとみし》は大阪城をきょ点にしてまだ大きな力をもっていた。そこで家康《いえやす》は、1614年の大阪冬の陣と翌年《よくねん》の大阪夏の陣で、秀吉の子の豊臣秀頼《ひでより》(1593~1615年)を攻《せ》めて豊臣氏をほろぼし、反徳川勢力《とくがわせいりょく》をのぞいた。

▼江戸幕府のしくみ

- 将軍
  - 大老《たいろう》(臨時の職)
  - 老中《ろうじゅう》
    - 遠国奉行《おんごくぶぎょう》(幕府直轄地などの支配)
    - 大目付《おおめつけ》(大名・役人の監視)
    - 町奉行(江戸の町政など)
    - 勘定奉行《かんじょうぶぎょう》(幕府の財政) ― 郡代《ぐんだい》・代官《だいかん》
  - 寺社奉行《じしゃぶぎょう》(寺社のとりしまり)
  - 若年寄《わかどしより》(老中を助ける)
  - 京都所司代《きょうとしょしだい》(朝廷の監視と京都の警備)
  - 大阪城代《おおさかじょうだい》(西国大名の監視など)

(江戸:大老・老中・寺社奉行・若年寄と老中配下の奉行・大目付)

重要用語

江戸幕府《えどばくふ》…全国を幕府領《りょう》と大名領に分け,将軍《しょうぐん》と大名が土地と人民を支配する幕藩《ばくはん》体制を整え,中央に老中《ろうじゅう》・若年寄《わかどしより》・三奉行《さんぶぎょう》(町・勘定《かんじょう》・寺社奉行)を置いた。

●年代早覚え　江戸時代

16 1 5

広《ひろ》い御《ご》殿《てん》で 武家諸法度《ぶけしょはっと》

ひろいごてん
1615年

武家諸法度を定める。
江戸幕府《えどばくふ》は，大名《だいみょう》を統制《とうせい》するために，築城《ちくじょう》や結婚《けっこん》，参勤交《さんきんこう》代《たい》のきまりを定めた武家諸法度をつくった。

しっかりとした
徳川の幕府の
基礎《きそ》をつくらねば。
徳川家康《とくがわいえやす》
基　礎
まずは
「一国一城令《いっこくいちじょうれい》」だ。
大名《だいみょう》が住んでいる
城以外の城は
すべて取りこわす
命令じゃ！
それから
むほんを
おこさせん
ためにも、
大名をきびしく
取りしまる
法律《ほうりつ》も
つくらんとな。
ジャーン
どうじゃ！
「武家諸法度」
じゃ！

主要人物紹介《しょうかい》

徳川秀忠《とくがわひでただ》（1579～1632年）…父の家康《いえやす》が1605年、徳川氏が将軍職《しょうぐんしょく》を代々受けつぐことを示すために、わずか2年でその位を秀忠にゆずったため、2代将軍となった。はじめて武家諸法度《ぶけしょはっと》を制定するなど、幕藩《ばくはん》体制の確立《かくりつ》につとめた。

重要用語
武家諸法度《ぶけしょはっと》…大名を支配するため，1615年に徳川家康《とくがわいえやす》の指示でつくられ，2代将《しょう》軍《ぐん》徳川秀忠《ひでただ》の名で出された。その後，将軍がかわるたびに出された。

まず大名同士で勝手に婚姻《こんいん》を結んではイカン！
うわぁ。自分ではさんざん政略結婚《せいりゃくけっこん》させてたくせに……。
禁止
幕府の許可《きょか》なしに城を新築してはイカン！
幕府にたてつくむほん人をかくまってはイカン！
「武家諸法度」を破《やぶ》った者はそく！お家取りつぶし。
きびしいなぁ自分じゃ広い御殿に住んでいて……、
年代早覚え
1615
広い御殿で武家諸法度
いろいろつくってるくせにね。
しかし何よりきびしいのは参勤交代《さんきんこうたい》だ。
大名は人質《ひとじち》として妻《つま》や子どもを江戸に住まわせて自分も1年おきに江戸に住まなければイカン……ということだ。
毎年行ったり来たりではたまりませんお金が。
江戸
大名行列《ぎょうれつ》

開運事項《じこう》

大名《だいみょう》の種類と配置…江戸幕府《えどばくふ》は大名をうまく支配して、260年あまり続いた。徳川《とくがわ》氏の一族を親藩《しんぱん》、関ヶ原《せきがはら》の戦い以前からの家来《けらい》を譜《ふ》代《だい》大名とし、重要地に配置した。関ヶ原の戦いのころから従《したが》った外様《とざま》大名は、東北や九州《きゅうしゅう》地方など江戸から遠いところに配置した。

重要用語

参勤交代《さんきんこうたい》…1635年，徳川家光《とくがわいえみつ》が武家諸法度《ぶけしょはっと》につけ加えた。大名の妻子《さいし》を人質として江戸《えど》に住まわせ，大名は1年交代で領地《りょうち》と江戸に住み，大名行列《ぎょうれつ》で往復した。

●年代早覚え　江戸時代

いろよい《1641》出島で 鎖国《さこく》の完成《かんせい》

1641年《いろよい》

鎖国が完成する。

キリスト教を取りしまるため，ポルトガル船の来航《らいこう》を禁止し，長崎《ながさき》の出島にオランダ商館を移して貿易《ぼうえき》を行った。

幕府《ばくふ》が貿易で もうけるために キリスト教を 大目《おおめ》にみてきたが ……。
徳川 家康
武士《ぶし》も 農民もない 人間はみな 平等だ。
将軍《しょうぐん》よりも イエス様よ。
都合《つごう》の悪い とんでもない 教えだ。
しかも わしの側近《そっきん》にも 信者《しんじゃ》がいるとは 危険《きけん》きわまり ない。
キリスト教は 禁止じゃ！ 信者は処罰《しょばつ》し 宣教師《せんきょうし》は国外に 追放じゃ！
●年代早覚え
キリスト教 いろ《16》んな人に《12》 禁教令《きんきょうれい》

主要人物紹介《しょうかい》

徳川家光《とくがわいえみつ》（1604～1651年）…家康《いえやす》の孫で江戸《えど》幕府《ばくふ》の3代将軍《しょうぐん》。「生まれながらの将軍」として武家諸法度《ぶけしょはっと》で参勤交代《さんきんこうたい》を制度化するなど，幕藩《ばくはん》体制を確立した。封建《ほうけん》支配に不都合《つごう》なキリスト教を禁止し，1641年にオランダ商館を出島に移して鎖国《さこく》を完成させた。

くわしく キリスト教禁止の理由…①教えが身分制度に合わない，②ポルトガル人やスペイン人が日本をしん略《りゃく》するといううわさ，③キリスト教信者《しんじゃ》が団結して反抗《はんこう》するおそれ。

家康様の亡《な》くなったあとも外国船の来航を制限《せいげん》したりしたが信者はいっこうにへらない。
取りしまりをきびしくする！
徳川家光《いえみつ》

キリスト教をやめないなら死罪《しざい》だ！

キリスト教を広めるおそれのあるポルトガル船の来航は禁止だ。
オランダと中国だけに貿易を許し、オランダ人を長崎《ながさき》の出島《でじま》に移《うつ》してほかの港は閉ざすのだ。
年代早覚え
1641
いろよい
出島で
鎖国の完成

幕府が出島で貿易を統制するさくせん（作戦）か。

関連事項《じこう》

島原《しまばら》・天草一揆《あまくさいっき》…1637年、九州《きゅうしゅう》の島原（長崎《ながさき》県）と天草（熊本《くまもと》県）のキリスト教徒を中心とする農民たちが、領主《りょうしゅ》の圧政《あっせい》に反発して天草《あまくさ》四郎《しろう》（1621?～1638年）を頭《かしら》（大将《たいしょう》）にしておこした。一揆後、絵踏《えふみ》（踏み絵）などキリスト教徒の取りしまりが強化された。

▼鎖国までのようすを確認しよう

年代	できごと
1549	キリスト教が伝来する
1612	徳川家康が幕領《ばくりょう》にキリスト教禁止令を出す
1624	スペイン船の来航を禁止
1637	島原《しまばら》・天草一揆《あまくさいっき》がおこる
1639	ポルトガル船の来航を禁止
1641	オランダ商館《しょうかん》を出島《でじま》に移《うつ》す

参考

鎖国《さこく》下の外交…長崎《ながさき》→オランダ・中国と貿易《ぼうえき》。「オランダ風説書《ふうせつがき》」。対馬藩《つしまはん》→朝鮮《ちょうせん》と貿易。朝鮮通信使《つうしんし》。琉球《りゅうきゅう》王国→中国と貿易。日本へ使節。松前《まつまえ》藩→アイヌと貿易。

●年代早覚え　江戸時代

1　7　　1　6

非難《ひなん》もいろいろ　享保《きょうほう》の改革《かいかく》

1716《ひなんもいろ》年

徳川吉宗《とくがわよしむね》が享保の改革を行う。

吉宗は，武士《ぶし》に倹約《けんやく》や武芸《ぶげい》をすすめ，新田開発を行い，目《め》安箱《やすばこ》や法令集《ほうれいしゅう》をつくるなど，政治《せいじ》の改革を行った。

1716年、徳川吉宗が8代将軍となった。
幕府《ばくふ》の財政《ざいせい》は火の車だ。
家康様のころの政治をめざしてゆるんだ政治を引きしめるぞ。
徳川吉宗
ぜいたくはいかん！武士は質素《しっそ》・倹約！
学問や武芸《ぶげい》にはげめ！
それから才能のある者は家がらや身分にとらわれず重要な役に取り立てる。
やった！これからはわしら下級の武士でも出世のチャンスがあるぞ。

主要人物紹介《しょうかい》

徳川吉宗《とくがわよしむね》（1684～1751年）…御三家《ごさんけ》の1つ紀伊藩《きいはん》（和歌山県《わかやま》）の藩主《はんしゅ》で、8代将軍《しょうぐん》。幕府《ばくふ》の政治《せいじ》や財政《ざいせい》を立て直すために、徳川家康《いえやす》のころの政治を理想として享保《きょうほう》の改革《かいかく》を行った。上《あ》げ米《まい》の制や新田開発など米に関する政策《せいさく》が多いことから、「米将軍《こめしょうぐん》」とよばれた。

重要用語

享保《きょうほう》の改革…1716 ～ 1745 年。質素《しっそ》・倹約《けんやく》のすすめ，公事方御定書《くじかたおさだめがき》（公正な裁判《さいばん》），目安箱《めやすばこ》，上《あ》げ米《まい》の制，新田開発，町火消し，小石川養生所《こいしかわようじょうしょ》（貧《まず》しい人のための病院）。

目安箱を置いて広く民衆《みんしゅう》の意見も聞こう。
ではさっそく聞いてもらおう。
目安箱
江戸は火事が多い何か対策《たいさく》を……か。
町人による火消しの組織をつくらせよう。
新田の開発をすすめよう。
ききんに備《そな》えてサツマイモのさいばいを、
参勤交代《さんきんこうたい》の制度をゆるめてやるかわりに各大名《だいみょう》には米を幕府にけん上させよう。
はい
はい
いろいろといそがしい将軍様だ。

しかしこれで財政もよくなるぞ。

◎年代早覚え

非《1》難《7》もい《1》ろ《6》いろ

享保の改革

▼享保の改革までの年代早覚え

●1649年…お触書《ふれがき》を出す

一《1》村《6》よ《4》く《9》聞け お触書

〔年貢《ねんぐ》を確実に取るため，農民の生活を細かく制限《せいげん》した。〕

関連事項

吉宗《よしむね》に用いられた人物…蘭学者《らんがく》の青木昆陽《あおきこんよう》はサツマイモ（甘藷《かんしょ》）づくりを広め、「甘藷先生」とよばれた。時代劇《げき》のなどで知られる大岡忠《ただ》相《すけ》は町奉行に登用《とうよう》され、公事方御定書《くじかたおさだめがき》の制定で中心となり、江戸の火事を防ぐために町火消しを結成した。

参考

米将軍《こめしょうぐん》…吉宗《よしむね》は新田開発をすすめ，年貢《ねんぐ》を重くし，米の価格に注意し，上《あ》げ米《まい》の制（参勤交代をゆるめ，1万石につき 100 石を幕府に納《おさ》めさせる）を行った。

●年代早覚え　江戸時代

1787 非難《ひなん》はなしよと　寛政《かんせい》の改革《かいかく》

ひなん は なしよと **1787年**

松平定信《まつだいらさだのぶ》が寛政の改革を行う。

定信は，享保《きょうほう》の改革にならい，政治《せいじ》改革を行ったが，きびしすぎて，人々の反感をかった。

それを持っていかれたらわしら食う物がねぇだ。
10代将軍《しょうぐん》徳川家治《とくがわいえはる》のころ、財政《ざいせい》の苦しい幕府《ばくふ》や大名《だいみょう》は農民から重い年貢《ねんぐ》を取り立てた。
天災《てんさい》やききんでうえ死にしている者もいるというのに・・・・。
こんな重い年貢《ねんぐ》じゃ生きていけねぇ。
うえ死にするのをまっているわけにはいかねぇ百姓一揆《ひゃくしょういっき》だ！
天災にききんに百姓一揆。
何とかしなくては。
松平定信

重要用語

寛政《かんせい》の改革《かいかく》…1787 ～ 1793 年。囲《かこ》い米《まい》の制（ききんに備《そな》え諸藩《しょはん》に米をたくわえさせる），寛政異学《いがく》の禁《きん》（幕府《ばくふ》の学校で朱子学《しゅしがく》以外の講義《こうぎ》を禁止），棄捐令《きえんれい》（借金《しゃっきん》を帳消《ちょうけ》し）。

関連事項《じこう》

田沼意次《たぬまおきつぐ》の政治…老中《ろうじゅう》田沼意次（1719～1788年）は，商人の豊かな経済力を利用した政治《せいじ》を行った。しかし，浅間山《あさまやま》の大噴火《ふんか》や天《てん》明《めい》の大ききんで農村があれはて，百姓一揆《ひゃくしょういっき》や打ちこわしが多発するなど世の中が混乱するなかで老中をやめさせられた。

主要人物紹介《しょうかい》

松平定信《まつだいらさだのぶ》(1758~1829年)…徳川吉宗《とくがわよしむね》の孫で、白河藩《しらかわはん》(福島県《ふくしまけん》)の藩主《はんしゅ》。11代将軍徳川家斉《いえなり》のときに老中首座《ろうじゅうしゅざ》となり、田沼《たぬま》時代の政《せい》治《じ》を改め、幕府財政《ざいせい》の再建《さいけん》と農村復興《ふっこう》をめざして寛政《かんせい》の改革《かいかく》を行ったが、きびしすぎて人々の反発をまねいて失敗に終わった。

祖父吉宗様《そふよしむね》にならって政治改革を行う!
ぜいたくは禁止!
派手《はで》な着物やかんざしも禁止!
ぜいたくな食べ物も禁止!
朱子学《しゅしがく》以外の学問は禁止!
幕府の批判《ひはん》や風ぞくを乱すような本も出版《しゅっぱん》禁止!
う……、あれも禁止これも禁止って……。
文句《もんく》も禁止だ!

▼政治改革に関する年代早覚え

●1772年…田沼意次《たぬまおきつぐ》が老中になる

人《1》な《7》どに何《72》もいわせぬ老中《ろうじゅう》田沼

▼このころの世界の年代早覚え

●1775年…アメリカ独立戦争《どくりつせんそう》

柔《1》軟《7》《じゅうなん》な《7》声《5》で 独立戦争

●1789年…フランス革命《かくめい》がおこる

非《1》難《7》は《8》 急《9》に フランス革命

年代早覚え
非《1》難《7》は《8》な《7》しよと
寛政の改革

参考

狂歌《きょうか》…「白河《しらかわ》の清《きよ》きに魚のすみかねて　もとのにごりの田沼恋《たぬまこい》しき」。定信《さだのぶ》(白河)の政治《せいじ》はきびしすぎて息苦《いきぐる》しい，乱れてはいたが田沼意次《おきつぐ》の時代がまだましだ。

●年代早覚え　江戸時代

1　7　92

異《い》な国《くに》ロシアの 人《ひと》来《く》る根室《ねむろ》

1792《いなくに》年

ロシアの使節が根室に来航《らいこう》する。

ロシアの使節ラクスマンが漂流民《ひょうりゅうみん》を連れて根室に来航し，日本に通商を求めたが，幕府《ばくふ》はこの要せいを断《ことわ》った。

主要人物紹介《しょうかい》

ラクスマン（1766〜96?年）…1792年、通商を求めて根室《ねむろ》（北海道）に来航《らいこう》したロシア人。江戸《えど》幕府《ばくふ》はこの要求を退《しりぞ》けて追い返した。1804年には、同じロシア人のレザノフが長崎《ながさき》に来航して通商を求めたが、幕府はこの要求も退《しりぞ》けた。

1792年
松平様《まつだいら》 ロシアの船が 蝦夷地《えぞち》（北海道）の根室に やって来て 通商を求めて いるそうです。
なに！
すぐに 役人を送り 交渉《こうしょう》に あたらせろ！
松平定信《さだのぶ》
ワタシハ、ラクスマン デス。
●年代早覚え
1 7 92
異な国ロシアの 人来る根室
日本は今 鎖国《さこく》中です。 貿易《ぼうえき》の交渉なら 長崎《ながさき》へ行って ください。
オー、ザンネン。

くわしく

大黒屋光太夫《だいこくやこうだゆう》…伊勢《いせ》（三重県《みえけん》）の船乗りで，伊勢から江戸《えど》へ向かうとちゅうで台風にあい，ロシアに漂着《ひょうちゃく》した。10年後の1792年，ラクスマンの船で日本に帰ってきた。

今後は日本国中の沿岸警備《えんがんけいび》を考えねば。
北方沿岸警備のために、お前が調査探検《たんけん》に行ってくれ。
はい。
近藤重蔵《こんどうじゅうぞう》
1808年 長崎
これはイギリス軍艦《ぐんかん》だ オランダ船をおそう目的で来たぞ。
水と食料をよこせ～！
ドーン
ドーン
イギリス船は長崎湾内《わんない》をあらし回り2日後に去っていった。
今後は鎖国対策《たいさく》を強化し外国船が近づいたらそく打ち払《はら》え！

あんな大砲《たいほう》に勝てるんか？
年代早覚え
いやに豪《1825》気《ごうき》な
打ち払い令

関連事項《じこう》

江戸幕府《えどばくふ》の対策…来航《らいこう》した外国船の通商要求に対し、幕府は鎖国《さこく》を理由に断《ことわ》った。そして、蝦夷地《えぞち》(北海道)を直轄地《ちょっかつち》にし、東北地方の諸《しょ》大名《だいみょう》に蝦夷地沿岸《えんがん》の警備《けいび》を命じた。また、近藤重蔵《こんどうじゅうぞう》や間宮林蔵《まみやりんぞう》(1775～1844年)らに千島《ちしま》や樺太《からふと》を探検《たんけん》させた。

▼外国船来航についての年代早覚え

●1804年…レザノフが来航する
いやおし《1804》いよ　レザノフさん
〔ロシアの使節として長崎《ながさき》に来航し，通商を求めた。〕

●1837年…モリソン号事件おこる
人はみな《1837》 聞いて驚《おどろ》く モリソン号
〔漂着《ひょうちゃく》した日本の漁民を連れて浦賀《うらが》にきたモリソン号を，日本が砲撃《ほうげき》した事件。〕

参考

蛮社《ばんしゃ》の獄《ごく》…1837年，浦賀《うらが》(神奈川《かながわ》県)に来航《らいこう》したアメリカ船を砲撃《ほうげき》するモリソン号事件がおこり，これを批判《ひはん》した蘭学《らんがく》者の高野長英《たかのちょうえい》と渡辺崋山《わたなべかざん》が1839年に処罰《しょばつ》された。

●年代早覚え　　江戸時代

密輸入《みつゆにゅう》 違反知《いはんし》れ《1840》たら アヘン戦争《せんそう》

いはんしれたら
1840年

アヘン戦争がおこる。

中国《ちゅうごく》(清《しん》)がアヘンの密輸入《みつゆにゅう》を禁止すると，イギリスは強力な艦隊《かんたい》を送って，上海《シャンハイ》などをせん領《りょう》し，清を降伏《こうふく》させた。

18世紀《せいき》 イギリスでは お茶を飲む 習慣《しゅうかん》が広まり、
このお茶は 清からの 輸入にたよって いるが、
その清は お茶を輸出する ばかりで わがイギリスから 何も買おうと しない。
このままでは わが国の銀が 流出するばかりで 不公平だ。
清
では 三角貿易《ぼうえき》をして お茶を買い さらに銀も 取りもどそう。
三角貿易？
つまり わがイギリスで つくった綿布《めんぷ》を インドで売り、 そのお金で インドから アヘンを買う。
そのアヘンを 清に持ちこんで 売りつけ、 そのお金で お茶を買うのだ。
イギリス
お茶
清
インド

関連事項《じこう》

産業革命《さんぎょうかくめい》…産業革命がすすんだヨーロッパ諸国《しょこく》は、工業原料の供給《きょうきゅう》地と工業製品《せいひん》の市場を求めてアジア・アフリカに進出し、植民地化競《きょう》争《そう》をくり広げた。とくに、18世紀《せいき》後半、世界で最初に産業革命を達成したイギリスは、中国やインドへのしん略《りゃく》を強めていった。

くわしく

三角貿易《さんかくぼうえき》…イギリスは，イギリスの綿布《めんぷ》をインドに輸出《ゆしゅつ》し，インドのアヘンをひそかに清《しん》に輸出した。その結果，清の銀《ぎん》がインドを経由《けいゆ》してイギリスに流出した。

関連事項《じこう》

アヘン戦争の日本への影響《えいきょう》…オランダを通じてアヘン戦争で清《しん》がイギリスに敗れたことを知った江戸幕府《えどばくふ》は、水野忠邦《みずのただくに》が老中のときの1842年に外国船打払令《うちはらいれい》をゆるめ、外国船に燃料《ねんりょう》(まき)・水・食料をあたえて帰すようにした。

えーっ アヘンは麻薬《まやく》で清でも禁止されているぞ。
だから密《みつ》貿易で買わせるのだ。それならがっぽりもうけ銀も取りもどせるというわけだ。
こうして清国内にアヘン患者《かんじゃ》が広まった。
このままでは清はほろびてしまう!
アヘン中毒《ちゅうどく》をぼくめつするためにイギリスのアヘンをぼっ収しすてるのだ!
大金がかかっているのになんてことをするんだ!
こうなりゃ戦争《せんそう》だ!

近代兵器のイギリス軍には歯が立たない!
ドドーン
年代早覚え
密輸入
違《1》反《8》知《4》れ《0》たら
アヘン戦争

▼アヘン戦争のころの年代早覚え

●1851年…太平天国《たいへいてんごく》の乱がおこる

人《1》は《8》 来《5》い《1》よと 太平天国

〔アヘン戦争に敗れた清《しん》は多額《たがく》の賠償金《ばいしょうきん》をイギリスに支払《しはら》うため重税《じゅうぜい》をかけた。人々は清政府《せいふ》に抵抗《ていこう》し，洪秀全《ホンシウチュワン》は貧富《ひんぷ》の差のない社会をつくろうと反乱をおこし，太平天国を建国した。〕

くわしく

南京《ナンキン》条約…1842年に結ばれたアヘン戦争の講和条約《こうわじょうやく》。敗れた清《しん》は香港《ホンコン》をイギリスにゆずり，多額《たがく》の賠償金《ばいしょうきん》を支払《はら》い，広州《コワンチョウ》・上海《シャンハイ》などの5港を開港した。

年代早覚え

江戸時代

1　841

天保《てんぽう》の　お日《ひ》がらはよい　改革《かいかく》じゃ

おひがらはよい
1841年

水野忠邦《みずのただくに》が天保の改革を行う。

忠邦は，幕府《ばくふ》の力を回復《かいふく》させようと政治の改革を行ったが，改革は約2年で失敗に終わった。

主要人物紹介《しょうかい》

大塩平八郎《おおしおへいはちろう》（1793～1837年）…もと大阪町奉行所《おおさかまちぶぎょうしょ》の役人で、陽明学者《ようめいがくしゃ》。天保《てんぽう》の大ききんで苦しむ人々を救うために大阪《おおさか》で反乱をおこしたが、半日でしずめられた。幕府《ばくふ》はもと役人による直轄地《ちょっかつち》での反乱におどろき、乱の影響《えいきょう》を受けて各地でも反乱がおこった。

1837年
大ききんが続いておこり、うえやはやり病《やまい》で死人が続出しているというのに・・・。
大塩平八郎《おおしおへいはちろう》
悪徳商人《あくとくしょうにん》と悪徳役人は米の値段《ねだん》をつり上げて大もうけ。
奉行所《ぶぎょうしょ》も見て見ぬふりで何もしない。
門弟諸君《もんていしょくん》悪徳商人をおそい倉《くら》に眠《ねむ》っている米やお金を貧《まず》しい人々に分けあたえよう。
先生やりましょう。
この大塩の乱は奉行所の軍にその日のうちにおさえられ大塩平八郎は自害《じがい》したが・・・、

参考

百姓一揆《ひゃくしょういっき》…年貢軽減《ねんぐけいげん》や悪い役人の交代《こうたい》を求め，聞き入れられないと集団で反抗《はんこう》した。

打ちこわし…都市の貧《まず》しい人々が，米屋や高利貸《こうりがし》などを集団でおそった。

年代早覚え
人《1》は《8》み《3》な《7》
大塩したって
打ちこわし
各地で一揆《いっき》や打ちこわしがおこった。
大塩先生に続けー。
幕府の財政《ざいせい》は大ピンチだ大改革を行う。
ぜいたくを禁止して質素《しっそ》・倹約《けんやく》。
水野忠邦《みずのただくに》
物価《ぶっか》を下げるために株仲間《かぶなかま》は解散せよ！
出かせぎに来ている農民は村に帰って農業にはげめ！
「上知《あげち》（地）令《れい》」だ 大名《だいみょう》や旗本所有《はたもとしょゆう》の江戸《えど》・大阪《おおさか》の土地は幕府が所有する別の土地と交かんだ！
な……、何だと。

年代早覚え
天保の
お日《1》がらは《8》よ《4》い《1》
改革じゃ
すぐクビにしてやる。

▼天保の改革ごろの年代早覚え

●1839年…蛮社《ばんしゃ》の獄《ごく》がおこる

投獄《とうごく》だ 人《1》や《8》み《3》く《9》もに 蛮社の獄

〔1837年に日本の漂流民《ひょうりゅうみん》を乗せて浦賀《うらが》にやってきたモリソン号を，日本側が砲撃《ほうげき》した。この事件のあとに，幕府の鎖国《さこく》政策《せいさく》を批判《ひはん》した蘭学者《らんがくしゃ》の渡辺《わたなべ》崋山《かざん》や高野長英《たかのちょうえい》らを処罰《しょばつ》した事件。〕

主要人物紹介《しょうかい》

水野忠邦《みずのただくに》（1794～1851年）…天保《てんぽう》の改革《かいかく》を行った老中《ろうじゅう》。ぜいたくを禁止し、物価を引き下げるために株仲間《かぶなかま》を解散《かいさん》させ、農村の立て直しをはかった。幕府《ばくふ》の力を強めるため江戸《えど》・大阪周辺《おおさかしゅうへん》の土地を幕府が直接に支配しようとしたが、反対が根強く実現《じつげん》しなかった。

重要用語

株仲間《かぶなかま》…商人や手工業者《しゅこうぎょうしゃ》が結成した同業組合で，幕府《ばくふ》や藩《はん》に税金《ぜいきん》を納《おさ》めて独占的《どくせんてき》な利益《りえき》を得た。田沼意次《たぬまおきつぐ》は結成をすすめたが，水野忠邦《みずのただくに》は解散《かいさん》させた。

時代のまとめ

○鉄砲《てっぽう》とキリスト教 ～桃山《ももやま》文化

鉄砲…ポルトガル人が種子島《たねがしま》に伝える→戦国大名《せんごくだいみょう》が注目。

キリスト教…**ザビエル**→キリシタン大名，**南蛮貿易《なんばんぼうえき》**。

織田信長《おだのぶなが》…室町幕府《むろまちばくふ》をほろぼす→**長篠《ながしの》の戦い**→安土城《あづちじょう》。

豊臣秀吉《とよとみひでよし》…年貢《ねんぐ》を確実《かくじつ》に取るため**太閤検地《たいこうけんち》**→大阪《おおさか》城→農民の一揆《いっき》を防ぐため**刀狩《かたながり》**→全国統一→２度の朝鮮《ちょうせん》しん略。

桃山文化…雄大《ゆうだい》で豪華《ごうか》→姫路《ひめじ》城，障壁《しょうへき》画(狩野永徳《かのうえいとく》)，茶道《さどう》(千利休《せんのりきゅう》)，歌舞伎踊《かぶきおど》り(出雲《いずも》の阿国《おくに》)。

○江戸幕府《えどばくふ》の成立 ～江戸時代の社会

江戸幕府…徳川家康《とくがわいえやす》が**関ヶ原《せきがはら》の戦い**に勝利→征夷大将軍《せいいたいしょうぐん》→親《しん》藩《ぱん》・譜代大名《ふだいだいみょう》・外様《とざま》大名，**武家諸法度《ぶけしょはっと》**，参勤交代《さんきんこうたい》。

鎖国《さこく》…朱印船貿易《しゅいんせんぼうえき》→キリスト教を禁止→**島原《しまばら》・天草一揆《あまくさいっき》**→絵踏《ふみ》→長崎《ながさき》でオランダ・中国《ちゅうごく》と貿易→鎖国《さこく》を完成。

農民支配…武士《ぶし》・百姓《ひゃくしょう》・町人の別→五人組《ごにんぐみ》，お触書《ふれがき》。

社会…新田開発，株仲間《かぶなかま》，蔵屋敷《くらやしき》，五街道《ごかいどう》，江戸と大阪《おおさか》。

○政治改革《せいじかいかく》～ 江戸時代の文化

政治《せいじ》…徳川綱吉《つなよし》→新井白石《あらいはくせき》→徳川吉宗《よしむね》が**享保《きょうほう》の改革《かいかく》**（目安《めやす》箱《ばこ》・公事方御定書《くじかたおさだめがき》)→田沼意次《たぬまおきつぐ》→松平定信《まつだいらさだのぶ》が**寛政《かんせい》の改革**→大塩平八郎《おおしおへいはちろう》の乱→水野忠邦《みずのただくに》が**天保《てんぽう》の改革**(株仲間の解散《かいさん》)。

民衆《みんしゅう》の動き…農民が集団で百姓一揆，都市で打ちこわし。

学問…蘭学《らんがく》→杉田玄白《すぎたげんぱく》らが『解体新書《かいたいしんしょ》』，国学《こくがく》→本居宣長《もとおりのりなが》。

元禄《げんろく》文化…上方《かみがた》中心→近松門左衛門《ちかまつもんざえもん》(歌舞伎《かぶき》などの台本)，井原西鶴《いはらさいかく》(浮世草子《うきよぞうし》)，松尾芭蕉《まつおばしょう》(俳諧《はいかい》)，菱川師宣《ひしかわもろのぶ》(浮世絵《うきよえ》)。

化政《かせい》文化…江戸中心→葛飾北斎《かつしかほくさい》（「富嶽三十六景《ふがくさんじゅうろっけい》」)，歌川広《うたがわひろ》重《しげ》（「東海道五十三次《とうかいどうごじゅうさんつぎ》」)，こっけい本，読本《よみほん》，俳諧《はいかい》。

年代スピードチェック

		答え
□①	**コロンブスが西インド諸島《しょとう》に達した**のは何年ですか。	①1492年
□②	ポルトガル人が種子島《たねがしま》に**鉄砲《てっぽう》**を伝えたのは何年ですか。	②1543年
□③	ザビエルが**キリスト教**をはじめて日本に伝えたのは何年ですか。	③1549年
□④	織田信長《おだのぶなが》が**室町幕府《むろまちばくふ》をほろぼした**のは何年ですか。	④1573年
□⑤	信長らが**長篠《ながしの》の戦い**で武田《たけだ》氏を破《やぶ》ったのは何年ですか。	⑤1575年
□⑥	豊臣秀吉《とよとみひでよし》が全国的に**太閤検地《たいこうけんち》**を始めたのは何年ですか。	⑥1582年
□⑦	秀吉が農民の一揆《いっき》を防ぐために**刀狩《かたながり》**を始めたのは何年ですか。	⑦1588年
□⑧	信長の後継者《こうけいしゃ》となった秀吉が**全国を統一**したのは何年ですか。	⑧1590年
□⑨	**秀吉が最初に朝鮮《ちょうせん》に大軍を送った**のは何年ですか。	⑨1592年
□⑩	徳川家康《とくがわいえやす》が**関ヶ原《せきがはら》の戦い**で石田三成《いしだみつなり》を破ったのは何年ですか。	⑩1600年
□⑪	家康が征夷大将軍《せいいたいしょうぐん》になり**江戸《えど》幕府**を開いたのは何年ですか。	⑪1603年
□⑫	家康が幕領《ばくりょう》に**禁教令《きんきょうれい》**を出したのは何年ですか。	⑫1612年
□⑬	江戸幕府が**武家諸法度《ぶけしょはっと》**を最初に出したのは何年ですか。	⑬1615年
□⑭	オランダ商館を出島に移し**鎖国《さこく》**が完成したのは何年ですか。	⑭1641年
□⑮	農民に対し,**慶安《けいあん》のお触書《ふれがき》**が出されたとされるのは何年ですか。	⑮1649年
□⑯	8代将軍徳川吉宗《よしむね》が**享保《きょうほう》の改革**を始めたのは何年ですか。	⑯1716年
□⑰	老中松平定信《ろうじゅうまつだいらさだのぶ》が**寛政《かんせい》の改革**を始めたのは何年ですか。	⑰1787年
□⑱	ロシアの**ラクスマンが根室に来航**したのは何年ですか。	⑱1792年
□⑲	鎖国を守るために**外国船打払令《がいこくせんうちはらいれい》**を出したのは何年ですか。	⑲1825年
□⑳	**大塩平八郎《おおしおへいはちろう》が大阪《おおさか》で反乱**をおこしたのは何年ですか。	⑳1837年
□㉑	イギリスと清《しん》の**アヘン戦争**がおこったのは何年ですか。	㉑1840年
□㉒	老中水野忠邦《みずのただくに》が**天保《てんぽう》の改革**を始めたのは何年ですか。	㉒1841年

年代暗記 12

年代早覚え　江戸時代

1　8　5　8

不平等《ふびょうどう》 一番《いちばん》こわい 通商条約《つうしょうじょうやく》

1858《いちばんこわい》年

日米修好通商条約《にちべいしゅうこうつうしょうじょうやく》を結ぶ。

幕府《ばくふ》はアメリカとの間で，関税自主権《かんぜいじしゅけん》がなく，領事裁判権《りょうじさいばんけん》を認《みと》めた日本にとって不平等な日米修好通商条約を結んだ。

1853年にペリーが浦賀《うらが》（神奈川《かながわ》県）に来航したのをうけて幕府内の意見は対立したままだった。
鎖国《さこく》を続けるべきだ！
いや開国するべきだ！
うーんぜんぜん対策《たいさく》がまとまらない……。
1854年1月ペリーは再び江戸《えど》（東京）湾に来航した。
ハロー
わー！もう来ちゃったよ！
さあ！開国しましょう！
交渉《こうしょう》はペリーにおし切られ日米和親条約が結ばれた。
は、はい。

くわしく　通商条約《つうしょうじょうやく》…オランダ・ロシア・イギリス・フランスともアメリカと同様の条約を結び，函館《はこだて》・新潟《にいがた》・神奈川《かながわ》（横浜《よこはま》）・兵庫《ひょうご》（神戸《こうべ》）・長崎《ながさき》の5港を開くことにした。

主要人物紹介《しょうかい》

ペリー（1794～1858年）…1853年に4せきの軍艦《ぐんかん》（黒船《くろふね》）を率《ひき》いて来航して開国を求め、翌年《よくねん》、幕府《ばくふ》と日米和親条約《じょうやく》を結んだ。アメリカは、太平洋《たいへいよう》での捕鯨船《ほげいせん》と、中国《ちゅうごく》への貿易船《ぼうえきせん》の補給基地《ほきゅうきち》として日本を利用することを考えていた。

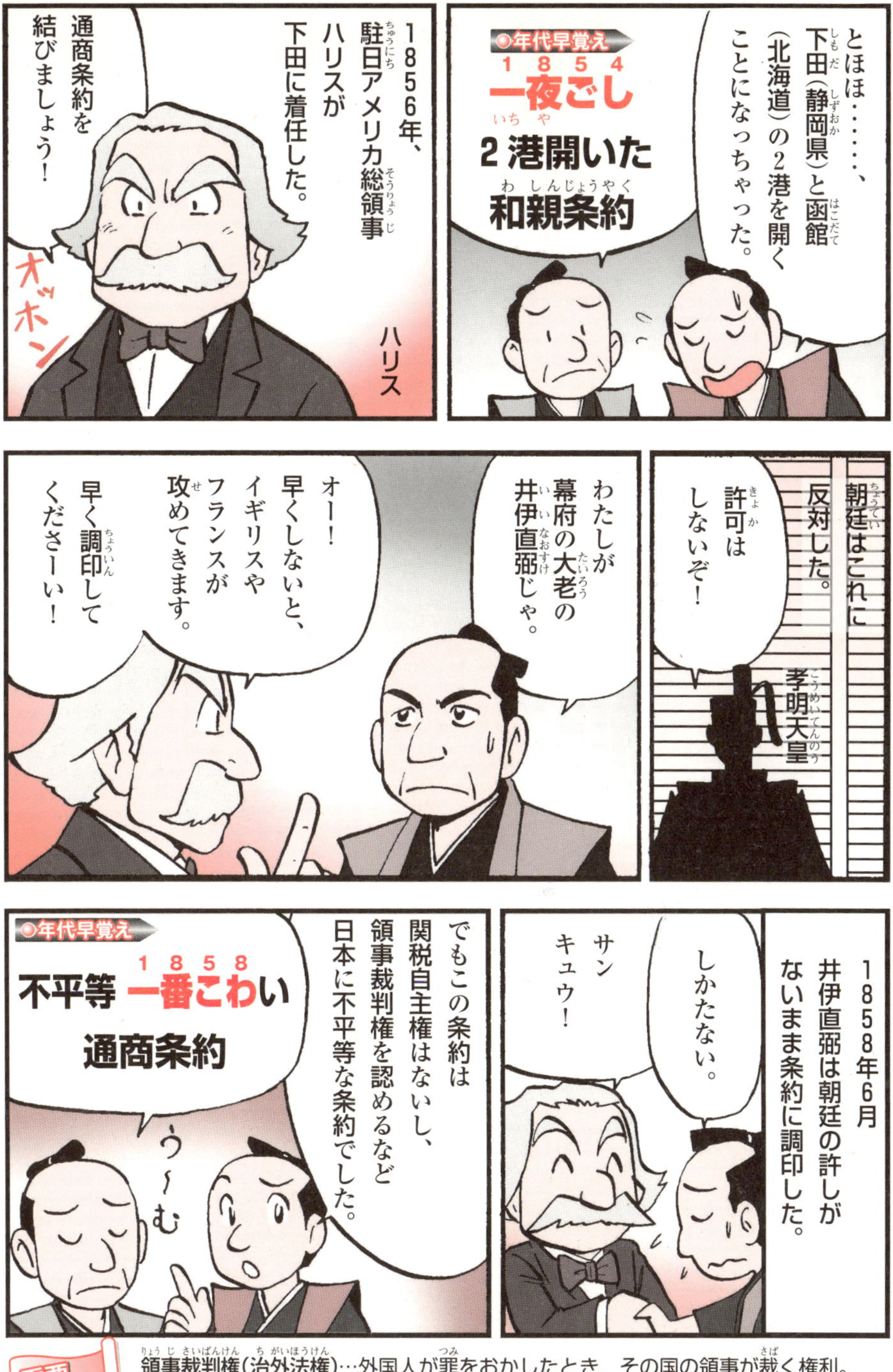
とほほ……、
下田《しもだ》（静岡県《しずおか》）と函館《はこだて》（北海道）の2港を開くことになっちゃった。
年代早覚え
1 8 5 4
一夜《いちや》ごし
2港開いた
和親条約《わしんじょうやく》
1856年、駐日《ちゅうにち》アメリカ総領事《そうりょうじ》ハリスが下田に着任した。
通商条約を結びましょう！
オッホン
ハリス
朝廷《ちょうてい》はこれに反対した。
許可《きょか》はしないぞ！
孝明天皇《こうめいてんのう》
わたしが幕府の大老《たいろう》の井伊直弼《いいなおすけ》じゃ。
オー！早くしないと、イギリスやフランスが攻《せ》めてきます。早く調印《ちょういん》してくださーい！
1858年6月井伊直弼は朝廷の許しがないまま条約に調印した。
しかたない。
サンキュウ！
でもこの条約は関税自主権はないし、領事裁判権を認めるなど日本に不平等な条約でした。
年代早覚え
1 8 5 8
不平等 一番こわい
通商条約
う〜む

主要人物紹介《しょうかい》

井伊直弼《いいなおすけ》（1815〜1860年）…大老《たいろう》になり、アメリカ総領事《そうりょうじ》のハリスと日米修好通商条約《にちべいしゅうこうつうしょうじょうやく》を結んだ。反対派《は》の大名《だいみょう》や公家《くげ》を取りしまり、吉田松陰《よしだしょういん》らを処刑《しょけい》した（安政《あんせい》の大獄《たいごく》）ため、反発した水戸藩《みとはん》（茨城県《いばらきけん》）の浪士《ろうし》らに江戸城《えどじょう》の桜田門外《さくらだもんがい》で暗殺《あんさつ》された（桜田門外の変）。

重要用語

領事裁判権《りょうじさいばんけん》（治外法権《ちがいほうけん》）…外国人が罪《つみ》をおかしたとき，その国の領事が裁《さば》く権利。
関税自主権《かんぜいじしゅけん》…外国からの輸入《ゆにゅう》品にかける税金（関税）を日本が自主的に決める権利。

年代早覚え　江戸時代

1　8　6　7

徳川《とくがわ》の 一派《いっぱ》むなしく 大政奉還《たいせいほうかん》

1867年《いっぱむなしく》

大政奉還を行う。

政権《せいけん》の維持《いじ》が困難《こんなん》と判断《はんだん》した将軍《しょうぐん》徳川慶喜《よしのぶ》は，新政権のなかで影響《えいきょう》力を持とうとして，政権を朝廷《ちょうてい》に返上した。

貿易《ぼうえき》を開始したことによりものの価格が上がったため、民衆《みんしゅう》の不満がつのり、各地で一揆《いっき》や打ちこわしがおこった。
世直《よなお》しだ！
米を出せ！
幕府《ばくふ》に対する不満があちこちでばく発している・・・・。
徳川慶喜
1867年1月、16才の睦仁親王《むつひとしんのう》（明治天皇《めいじてんのう》）が即位《そくい》した。
薩摩藩《さつまはん》（鹿児島県《かごしまけん》）と長州藩《ちょうしゅうはん》（山口県《やまぐちけん》）は武力による倒幕《とうばく》を考えています。
大久保利通《おおくぼとしみち》
幕府を攻《せ》めるには天皇の命令《めいれい》が必要じゃな。
岩倉具視《いわくらともみ》
わたしがたのんでみよう。

くわしく

世直《よなお》し…人々は，新しい世のなかに変わる「世直し」を期待した。1867年には民《みん》衆《しゅう》が「ええじゃないか」とはやし立てながら，おどり歩くさわぎがおこった。

主要人物紹介《しょうかい》

徳川慶喜《とくがわよしのぶ》（1837～1913年）…水戸藩《みとはん》（茨城県《いばらきけん》）藩主《はんしゅ》徳川斉昭《なりあき》の子で、一橋《ひとつばし》家をついだ。江戸幕府《えどばくふ》最後の15代将軍《しょうぐん》。前土佐藩《とさ》（高知県《こうち》）藩主山内豊信《やまのうちとよしげ》らの意見を聞き入れ、1867年、政権《せいけん》を朝廷《ちょうてい》に返上する大政奉還《たいせいほうかん》を行った。江戸城あけわたし後、静岡《しずおか》で隠居《いんきょ》した。

開運事項《じこう》

倒幕《とうばく》運動…薩摩藩《さつまはん》（鹿児島《かごしま》県）の西郷隆盛《さいごうたかもり》・大久保利通《おおくぼとしみち》、長州藩《ちょうしゅうはん》（山口《やまぐち》県）の木戸孝允《きどたかよし》・高杉晋作《たかすぎしんさく》らが中心。攘夷《じょうい》に失敗した両藩は1866年、土佐《とさ》藩（高知県）出身の坂本龍馬《さかもとりょうま》らの仲《なか》だちで薩長同盟《さっちょうどうめい》を結び、倒幕の動きを強めた。公家《くげ》の岩倉具視《いわくらともみ》・三条実美《さんじょうさねとみ》らも活やくした。

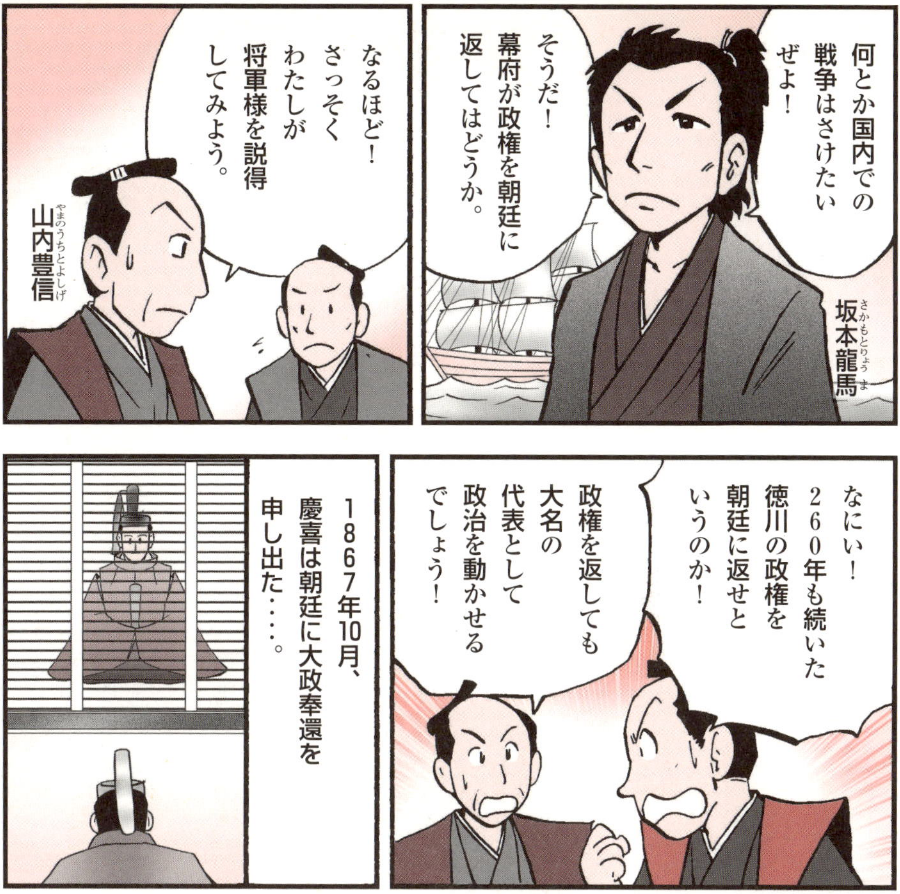
何とか国内での戦争はさけたいぜよ！
坂本龍馬《さかもとりょうま》
そうだ！幕府が政権を朝廷に返してはどうか。
なるほど！さっそくわたしが将軍様を説得してみよう。
山内豊信《やまのうちとよしげ》
なにい！260年も続いた徳川の政権を朝廷に返せというのか！
政権を返しても大名の代表として政治を動かせるでしょう！
1867年10月、慶喜は朝廷に大政奉還を申し出た……。

▼大政奉還のころの年代早覚え

●1863年…薩英《さつえい》戦争がおこる
い《1》や《8》　無《6》ざ《3》んなり　薩英戦争

●1864年…連合艦隊《かんたい》が下関を砲撃《ほうげき》する
下関　撃《う》たれた人《1》は《8》　虫《64》の息

●1866年…薩長同盟《さっちょうどうめい》を結ぶ
一《1》夜《8》《いちや》　論《6》論《6》《ろんろん》　薩長同盟

●1867年…王政復古の大号令を出す
一つ《1》や《8》ろ《6》うな《7》　王政復古

年代早覚え
徳川の
一《1》派《8》む《6》な《7》しく
大政奉還
でも、王政復古《おうせいふっこ》の大号令《だいごうれい》が出されたから、予定がくるっちゃった。
とほほ徳川も終わりか。

重要用語

大政奉還《たいせいほうかん》…徳川慶喜《とくがわよしのぶ》の政権《せいけん》返上によって，260年あまり続いた江戸幕府《えどばくふ》がほろんだ。
王政復古《おうせいふっこ》の大号令《だいごうれい》…朝廷《ちょうてい》は，天皇《てんのう》を中心とする政治を行うことを宣言《せんげん》した。

年代早覚え　**明治時代**

五《ご》か条《じょう》で 一《ひと》つやろうや《1868》 新政府《しんせいふ》

1868《ひとつやろうや》年

五か条の御誓文《ごせいもん》が出される。

新政府は，世論《せろん》をたいせつにして政治をすすめるなどのこれからの政治の方針《ほうしん》を，天皇《てんのう》が神にちかうかたちで出した。

1868年1月、新政府軍と旧幕府軍《きゅうばくふ》との戦い（戊辰戦争《ぼしんせんそう》）がおこった。
戊辰戦争
江戸《えど》の薩摩藩邸《さつまはんてい》
勝海舟《かつかいしゅう》
江戸での戦争はさけたい。どうか思いとどまってくれ！
わかりました。明日の江戸城《えどじょう》総攻撃《そうこうげき》はやめます。
西郷隆盛《さいごうたかもり》
ありがとう、西郷さん。
こうして、江戸城は戦うことなく新政府軍にあけわたされた。
徳川慶喜《とくがわよしのぶ》
フーッ、よかった！

重要用語

戊辰《ぼしん》戦争…旧幕府軍《きゅうばくふぐん》と新政府《せいふ》軍の戦い。1868年の京都《きょうと》での鳥羽《とば》・伏見《ふしみ》の戦いに始まり，翌年《よくねん》，函館《はこだて》（北海道《ほっかいどう》）の五稜郭《ごりょうかく》の戦いで新政府軍が勝利して終わった。

主要人物紹介《しょうかい》

維新《いしん》の三傑《さんけつ》…倒幕《とうばく》運動に力をつくし、明治新政府の重要な役職について政治《せいじ》の改革《かいかく》を進めた薩摩藩《さつまはん》出身の西郷隆盛《さいごうたかもり》（1827～1877年）・大久保利通《おおくぼとしみち》（1830～1878年）、長州藩《ちょうしゅうはん》出身の木戸孝允《きどたかよし》（1833～1877年）の3人をさし、彼らの業績《ぎょうせき》をたたえている。

主要人物紹介《しょうかい》

明治天皇《めいじてんのう》（1852～1912年）…在位1867～1912年。1867年に王政復古《おうせいふっこ》の大号令《だいごうれい》を発して天皇中心の政治を復活させ、翌年《よくねん》の五か条《じょう》の御誓文《ごせいもん》で新政府の基本方針を示した。1889年、天皇が国民にあたえるかたちで大日本帝国憲法《ていこくけんぽう》を発布《はっぷ》した。

同じく3月、五か条の御誓文が発表された。
年代早覚え
1868
五か条で 一つやろうや
新政府
新しい政治の基本方針だ。天地の神々にちかうものなり。
明治天皇《めいじてんのう》
民衆《みんしゅう》に対しては五榜《ごぼう》の掲示《けいじ》が出された。
一、一揆《いっき》やキリスト教は禁止する。
一、農民は田畑をすててはならない。
一、外国人に乱暴《らんぼう》してはいけない。
ワイ
ワイ

なんだ！江戸幕府の時代とあまり変わらないじゃないか！
戊辰戦争は、1869年まで続いた。

▼明治維新についての年代早覚え

●1868年…戊辰《ぼしん》戦争がおこる

1 8 6 8
銃《じゅう》は6発《ばつ》　戊辰戦争

［新政府と旧幕府との間でおこった戦争。京都で始まり，1869年の函館《はこだて》の五稜郭《ごりょうかく》が最後の戦いとなった。］

●1868年…五榜の掲示が出される

1 8 6 8
人はむりやり　五榜の掲示

重要用語

五か条《じょう》の御誓文《ごせいもん》…明治天皇《めいじてんのう》が神にちかうかたちで，新政府《せいふ》の基本方針（世論《せろん》の尊重《そんちょう》，国民の一致《いっち》協力，人心の一新，旧制度の改革《かいかく》，先進文明の吸収《きゅうしゅう》）を示した。

●年代早覚え　明治時代

学制発布《がくせいはっぷ》に 批判何人《1872》《ひはんなんにん》

1872《ひはんなんにん》年

学制が発布される。

国民の知識を高めるため，6才以上の子どもに教育を受けさせることなどを定めた学制が発布された。

政府《せいふ》は、日本の近代化のためにさまざまな改革《かいかく》を行った。その1つが、教育を充実《じゅうじつ》させて国民に知識や技術《ぎじゅつ》をもたせることだった。
うちはだれも字が読めないんだ！
文部省
1871年、政府は文部省《もんぶしょう》を設置《せっち》し……、
1872年、学制を発布して全国に小学校をつくらせた。
ジャーン
すごいでしょう！
わしら地元《じもと》の人間たちに負担《ふたん》させてつくったんじゃないか！

重要用語

学制《がくせい》…富国強兵《ふこくきょうへい》のための重要政策《じゅうようせいさく》の１つとして，明治政府は学制を発布した。全国に小学校をつくり，６才になると小学校に入学する義務《ぎむ》教育制度が定められた。

関連事項《じこう》

版籍奉還《はんせきほうかん》…明治政府《めいじせいふ》は1869年、大名《だいみょう》が支配していた土地（版図《はんと》）と人民（戸籍《こせき》）を朝廷《ちょうてい》に返させ、もとの藩主《はんしゅ》を知藩事《ちはんじ》に任命《にんめい》した。

廃藩置県《はいはんちけん》…中央集権を目的に1871年、藩を廃止して府と県を置き、中央から府知事と県令《けんれい》（のちの県知事）を派遣《はけん》して治めさせた。

関連事項《じこう》

文明開化…明治《めいじ》時代になり太陽暦《たいようれき》が採用《さいよう》され、ガス灯《とう》や人力車が登場《とうじょう》するなど、西洋の制度・技術《ぎじゅつ》・文化がさかんに取り入れられ、都市を中心に日本の社会や人々の生活が大きく変化した。福沢諭吉《ふくざわゆきち》は、『学問のすゝ《(す)》め』を著《あらわ》し、人間の平等や学問のたいせつさを説《と》いた。

小学校に通うのはタダなの？
とんでもない！
すべて親の負担になるのだ！
えーっ！そんな〜！
授業料《じゅぎょうりょう》も月々50銭《せん》も取られるそうだ。
どこの農家も子どもは大事な働き手なのに。
学制反対。
こうなったら一揆《いっき》だ！

▼明治の改革についての年代早覚え

●1869年…版籍奉還《はんせきほうかん》を行う
人《1》は《8》ろ《6》く《9》なし　版籍奉還

●1871年…廃藩置県《はいはんちけん》を行う
藩とは　い《1》わ《8》な《7》い《1》　県という

●1871年…四民平等《しみんびょうどう》となる
人《1》は《8》　泣《7》い《1》て喜ぶ　四民平等

年代早覚え
学制発布に　批《1》判《8》何《7》人《2》
学問はたいせつなのになあ。

参考

小学校の就学率《しゅうがくりつ》…初めは男子が約50％で，女子は20％以下と低かった。義務《ぎむ》教育が４年間から６年間に延長《えんちょう》された1907年ごろ，男女ともほぼ100％になった。

●年代早覚え　明治時代

1　8　7　3

人《ひと》はなみだの 地租改正《ちそかいせい》

ひとはなみだの
1873年

地租改正が行われる。

税《ぜい》を米で納《おさ》めさせるやり方から，土地の所有者に地券《ちけん》を発行し，地価の３％を現金で納めさせるやり方に改めた。

富国強兵《ふこくきょうへい》のためには財源《ざいげん》と軍隊が必要だ！
うむ まずは租税《そぜい》の取り方を改めよう。
地租改正
これからは政府が土地の価値《かち》を決めてその３％を地租とします。
それを土地の所有者が現金で納めるのだそうだ！
わしら小作人《こさくにん》はそのための米をどっさり取られるんじゃ！
わしらの負担《ふたん》が増《ふ》えるだけじゃないか！
地租改正反対!!

重要用語

地租改正《ちそかいせい》…年貢《ねんぐ》を受けついだ地租(税《ぜい》)では，政府《せいふ》の収入《しゅうにゅう》が不安定だった。そこで，収入を安定させるため，土地所有者に地価の３％の地租を現金で納《おさ》めさせた。

関連事項《じこう》

富国強兵《ふこくきょうへい》…明治政府《めいじせいふ》は、欧米諸国《おうべいしょこく》に追いつくために、国を豊かにし、軍事力を強化する政策《せいさく》を積極的にすすめた。この政策の中心として学制が発布《はっぷ》され，徴兵令《ちょうへいれい》が出され(兵制)、地租改正が行われた(税制)。また，近代産業を育成する殖産興業《しょくさんこうぎょう》政策もすすめられた。

年代早覚え
人はなみ《1873》だの　地租改正
反対一揆《はんたいいっき》がおこり1877年に、
しょうがない地租を2.5%に引き下げよう!
ドドドド
軍隊のための徴兵《ちょうへい》を行おう!
満20才になった男子は兵隊にするぞ!
働き手を取られるのは困るよ~。
役人と、税金をたくさん納めている者などはめんじょだそうだ。
金持ちは徴兵されないのか、不公平だ!
年代早覚え
いやな定《1873》めよ　徴兵令《ちょうへいれい》

開運事項《じこう》

近代的な軍隊…徴兵制《ちょうへいせい》による近代的な軍隊の研究は、長州藩《ちょうしゅうはん》(山口《やまぐち》県)出身の大村益次郎《おおむらますじろう》と山県有朋《やまがたありとも》らが行った。西南《せいなん》戦争のときに実戦での成果がはじめて確認《かくにん》され、以後、庶民《しょみん》の不満が高かった兵役めんじょの規定《きてい》が縮小《しゅくしょう》され、より国民皆兵《かいへい》に近づいていった。

重要用語

徴兵令《ちょうへいれい》…近代的な軍隊をつくるため，満20才以上の男子に兵役《へいえき》の義務《ぎむ》を負《お》わせた。西南《せいなん》戦争では，この徴兵令で組織された軍隊が，士族《しぞく》中心の西郷軍《さいごうぐん》を破《やぶ》った。

●年代早覚え　明治時代

1　87　7
火花《ひばな》ながめる 西南戦争《せいなんせんそう》

ひばなながめる
1877年 西南戦争がおこる。
新政府《せいふ》に不満をもつ鹿児島《かごしま》の士族《しぞく》らが西郷隆盛《さいごうたかもり》を中心に反乱をおこすが，徴兵制《ちょうへいせい》によってつくられた政府軍に敗《やぶ》れた。

政府はわしら士族の特権をどんどんうばっていく。
四民平等《しみんびょうどう》
徴兵令《ちょうへいれい》
廃刀令《はいとうれい》
家禄《かろく》制度の廃止《はいし》
このままではわしら士族は失業だ。

ほかにも政府に不満をもっていた士族たちは各地で反乱をおこしたが……、
負けた～。
いずれも政府軍にちん圧《あつ》された。
やられた～。

くわしく **士族《しぞく》の不満**…士族は，四民平等《しみんびょうどう》，徴兵令《ちょうへいれい》や廃刀令《はいとうれい》などで特権《とっけん》を失い，政府《せいふ》が士族に支給していた家禄《かろく》（家臣《かしん》が主君からもらう給与《きゅうよ》）も廃止《はいし》され，生活が苦しかった。

関連事項《じこう》

士族の反乱…新政府《せいふ》に不満をもつ士族らは各地で反乱をおこしたが、いずれも政府軍にしずめられた。1874年に佐賀《さが》の乱、1876年に神風連《じんぷうれん》の乱（熊本《くまもと》県）、秋月《あきづき》の乱（福岡《ふくおか》県）、萩《はぎ》の乱（山口《やまぐち》県）、そして1877年に最大で最後の西南《せいなん》戦争がおこった。

征韓論《せいかんろん》を唱《とな》えた西郷隆盛《さいごうたかもり》は政府を追われ、鹿児島《かごしま》で子弟の教育にあたっていた。
新政府は大久保利通《おおくぼとしみち》の独裁《どくさい》だな。
西郷隆盛
西郷どん、政府軍は農民の寄せ集めです。
ぜひ挙兵《きょへい》しましょう！
1877年2月西郷隆盛を中心に不平士族3万人あまりが兵を挙げた。
ドーン
パン
パン
バババっ
年代早覚え
1877
火花ながめる
西南戦争
何だかみんなすごい武器《ぶき》だな。
政府軍って強いな！
7か月にわたる激戦《げきせん》ののち、政府軍に敗れ西郷隆盛は自害《じがい》した。
無念……。
これが士族たちの最後の反乱となった。
武力の時代は終わったんだな～。

主要人物紹介《しょうかい》

西郷隆盛《さいごうたかもり》（1827～1877年）…薩摩藩《さつまはん》（鹿児島県《かごしまけん》）出身で、倒幕《とうばく》運動に活やくし、勝海舟《かつかいしゅう》との会談で江戸城《えどじょう》の無血開城《むけつかいじょう》を実現した。征《せい》韓論《かんろん》（武力《ぶりょく》で朝鮮《ちょうせん》を開国させる）を主張《しゅちょう》したが、大久保利通《おおくぼとしみち》・木戸孝允《きどたかよし》らに反対されて政府を去《さ》り、西南《せいなん》戦争をおこして敗《やぶ》れた。

くわしく

西南《せいなん》戦争の影響《えいきょう》…西南戦争は，最大にして最後の士族の反乱となった。武力《ぶりょく》では政《せい》府《ふ》に勝てないと知った不平士族は，以後は言論による政府批判《ひはん》を強めていった。

●年代早覚え 明治時代

1 88 9
いち早《はや》く 憲法決《けんぽうき》めた 伊藤博文《いとうひろぶみ》

いちはやく
1889年

大日本帝国憲法《ていこくけんぽう》が発布《はっぷ》される。

君主権の強いドイツの憲法を学んだ伊藤博文らが草案《そうあん》をつくり，天皇《てんのう》を国の元首《げんしゅ》とする大日本帝国憲法が発布された。

1889年2月11日、大日本帝国憲法が発布された。
わたしがこの憲法の草案をつくったのだ。
伊藤博文
●年代早覚え
1 88 9
いち早く 憲法決めた 伊藤博文

大日本帝国憲法は、天皇の権力がとても強い憲法であった。
天皇主権《てんのうしゅけん》
天皇が軍隊を指揮《しき》

参考 大日本帝国憲法《ていこくけんぽう》下の政治《せいじ》…内閣《ないかく》や帝国議会は天皇《てんのう》の政治《せいじ》を助ける機関で，内閣は天皇に対してだけ責任《せきにん》を負《お》った。裁判所《さいばんしょ》は，天皇の名のもとで裁判をした。

伊藤博文《いとうひろぶみ》（1841～1909年）…吉田松陰《よしだしょういん》の松下村塾《しょうかそんじゅく》（山口県《やまぐち》）で学んだ。初代の内閣総理大臣《ないかくそうりだいじん》となり、大日本帝国憲法《ていこくけんぽう》の草案を作成し、下関条約《しものせきじょうやく》（日清《にっしん》戦争の講和《こうわ》条約）を結んだ。韓国統監《かんこくとうかん》として朝鮮支配《ちょうせんしはい》をすすめたが、1909年に韓国の独立運動家安重根《アンジュングン》に射殺《しゃさつ》された。

関連事項《じこう》

自由民権運動《じゆうみんけんうんどう》…板垣退助《いたがきたいすけ》らは藩閥政治《はんばつせいじ》を批判《ひはん》し、1874年、「広く国民の意見を取り入れた議会政治を行うべき」と主張《しゅちょう》する民撰《みんせん》(選)議院《ぎいん》設立《せつりつ》の建白書《けんぱくしょ》を政府《せいふ》に提出《ていしゅつ》した。これをきっかけに運動が高まり、政府は1881年、1890年に国会を開くことを約束した。

憲法発布の翌年《よくねん》
1890年7月に
衆議院議員総選挙《しゅうぎいんぎいんそうせんきょ》が行われた。
帝国議会
対抗《たいこう》
衆議院
貴族院《きぞくいん》
(議員数300名)
一部の国民の選挙で選ばれた者。
(議員数252名)
皇族《こうぞく》や華族《かぞく》,天皇が任命《にんめい》した者など。
第1回総選挙では、民党《みんとう》が吏党《りとう》をおさえて過半数をしめた。
吏党
民党
今の与党
今の野党
1890年11月、第1回帝国議会が開かれた。
まだ会議は続いてるぞ。
年代早覚え
日はくれ《1890》て　帝国議会《ていこくぎかい》
まだ続く
初期の議会では、政府と民党がはげしく対立したんだ。

くわしく

衆議院議員《しゅうぎいんぎいん》の選挙権《せんきょけん》…25才以上の男子で，1年間に直接国税《ちょくせつこくぜい》(地租《ちそ》と所得税《しょとくぜい》)を15円以上納《おさ》める者に限《かぎ》られた。有権者は，当時の人口の1.1%(約45万人)だけだった。

●年代早覚え

明治時代

1 8 9 4
一発急所《いっぱつきゅうしょ》に 日清戦争《にっしんせんそう》

いっぱつきゅうしょに **1894年**

日清戦争がおこる。

朝鮮半島《ちょうせんはんとう》に勢力《せいりょく》をのばそうとする日本と，朝鮮を属国《ぞっこく》と見なす中国《ちゅうごく》が対立して日清戦争となり，日本が勝利した。

朝鮮は日本の市場として大事だ。
原料の供給地《きょうきゅうち》としても重要だ！
1875年、日本は江華島《カンファド》事件《じけん》をきっかけに圧力《あつりょく》をかけ、
条約《じょうやく》を結べ！
ドーン
朝鮮にとって不利な日朝修好条規《にっちょうしゅうこうじょうき》を強引に結ばせた。
勝手なことを！
朝鮮は清の属国だぞ！
1894年、甲午農民戦争《こうごのうみんせんそう》をきっかけに清は朝鮮に軍隊を送った。
負けてられん日本も朝鮮に出兵だ！

くわしく

江華島《カンファド》《こうかとう》事件《じけん》…朝鮮《ちょうせん》の沿岸《えんがん》を無断《むだん》で測量《そくりょう》した軍艦《ぐんかん》が，朝鮮から砲撃《ほうげき》された。これを理由に日本は，軍事力を背景《はいけい》に，1876年日朝修好条規《にっちょうしゅうこうじょうき》を結び，開国させた。

関連事項《じこう》

日清《にっしん》戦争の背景《はいけい》…朝鮮《ちょうせん》進出をねらう日本と、朝鮮を属国《ぞっこく》と考える清《しん》が対立した。朝鮮国内でも清にたよる勢力《せいりょく》と、日本と結ぼうとする勢力が対立した。東学《とうがく》（民間信仰《しんこう》をもとにした宗教《しゅうきょう》団体で、キリスト教＝西学《せいがく》に反対した）を中心とする農民が甲午《こうご》農民戦争をおこした。

同年8月
日清戦争が始まった。
年代早覚え
一発急所《1894》に 日清戦争
ズドン

1895年4月、下関《しものせき》(山口県《やまぐち》)で講和条約《こうわじょうやく》が結ばれた。
講和を申しこみます。
朝鮮の独立を認めます。
遼東《リアオトン》半島・台湾《たいわん》・澎湖《ポンフー》諸島をいただこう。約3億円の賠償金《ばいしょう》も払ってね！
伊藤博文《いとうひろぶみ》
李鴻章《リーホンチャン》《りこうしょう》

しかし、日本は三国干渉《さんごくかんしょう》によって遼東半島を返さなければならなかった。
ロシア
ドイツ
フランス
チク
チク
くやしい〜！

▼遼東半島の位置を確認しよう
中国(清)
朝鮮
日本
遼東《リアオトン》半島

開運事項《じこう》

日清《にっしん》戦争後の日本…①国際《こくさい》的地位が高まり、朝鮮《ちょうせん》を属国《ぞっこく》とみなすようになった。②中国へのしん略《りゃく》を始め、台湾《たいわん》を植民地として支配《しはい》した。③三国干渉《さんごくかんしょう》を受け、国民のあいだにロシアへの反感・対抗《たいこう》心が高まった。④政府《せいふ》は多額の賠償金《ばいしょうきん》で軍備《ぐんび》を強化した。

重要用語

三国干渉《さんごくかんしょう》…満州《まんしゅう》や朝鮮《ちょうせん》への進出をねらっていたロシアは，日本の大陸進出を防ぐため，フランス・ドイツとともに，日本に，遼東《リアオトン》半島の清《しん》への返還《へんかん》を要求した。

年代早覚え

明治時代

1　9　0　　1

日《ひ》ぐれて 人《ひと》は帰《かえ》る 八幡《やはた》の町《まち》へ

ひ ぐ れてひとは

1901年

八幡製鉄所《せいてつじょ》が生産を開始する。

日清戦争《にっしんせんそう》で得た賠償《ばいしょう》金の一部を使って北九州《きたきゅうしゅう》に官営《かんえい》の八幡製鉄所がつくられ，鉄鋼《てっこう》の生産を始めた。

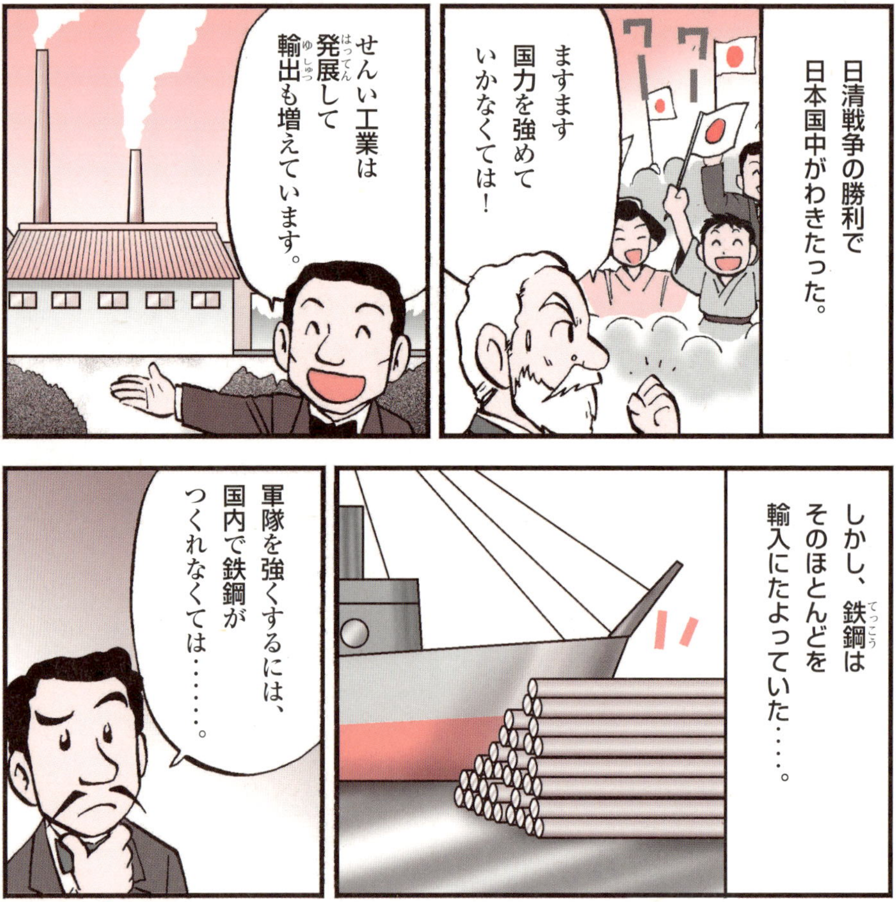
日清戦争の勝利で日本国中がわきたった。
ワー
ワー
ますます国力を強めていかなくては！
せんい工業は発展《はってん》して輸出《ゆしゅつ》も増えています。
しかし、鉄鋼《てっこう》はそのほとんどを輸入にたよっていた……。
軍隊を強くするには、国内で鉄鋼がつくれなくては……。

関連事項《じこう》

官営《かんえい》工場…政府《せいふ》は近代工業を育てる（殖産興業《しょくさんこうぎょう》）ため、製糸《せいし》・紡績《ぼうせき》・造船《ぞうせん》・兵器などの工場や鉱山《こうざん》をみずから経営《けいえい》し、欧米諸国《おうべいしょこく》から機械を買い入れ、技術者《ぎじゅつしゃ》を招《まね》いた。富岡《とみおか》製糸場（群馬《ぐんま》県）ではフランスの技術者を招《まね》き、士族のむすめたちが女子工員（女工）として働いた。

重要用語

八幡製鉄所《やはたせいてつじょ》…鉄鋼《てっこう》の自給をめざした政府《せいふ》が，北九州《きたきゅうしゅう》（福岡《ふくおか》県）に建設《けんせつ》した。筑豊炭《ちくほうたん》田《でん》の石炭と中国《ちゅうごく》から輸入した鉄鉱石《てっこうせき》で鉄鋼を生産し，重工業発展《はってん》の基礎《きそ》を築《きず》いた。

日本にも大きな製鉄所をつくろう。
しかしばく大なお金がかかるぞ！
日清戦争でかく得した賠償金がある！
その金で九州《きゅうしゅう》に製鉄所をつくりましょう！
大蔵大臣《おおくらだいじん》松方正義《まつかたまさよし》

こうして日本で初めての大きぼな製鉄所がつくられたんだ！
八幡製鉄所
年代早覚え
1 9 0 1
日ぐれて人は帰る
八幡の町へ
はい
シュボ

鉄の生産ができるようになり、鉄道も発展した。
日本の産業がますます発展するぞ！
ポーーッ

関連事項《じこう》

賠償金《ばいしょうきん》の使いみち…日本が清《しん》から受け取った賠償金3億6000万円（三国干渉《さんごくかんしょう》で清に返還《へんかん》した遼東《リアオトン》半島の還付《かんぷ》金などをふくむ）は、当時の日本の国家予算の約3.7倍と多額だった。その80％以上は軍事関係に使われ、一部は八幡製鉄所《やはたせいてつじょ》の建設《けんせつ》費用にあてられた。

▼このころの重要なできごと

- 1899〜1900年，清《しん》から外国勢力《せいりょく》を追い出そうとした義和団《ぎわだん》を，日本を主力とする連合軍がちん圧した（義和団事件）。
- 1901年，足尾銅山《あしおどうざん》の鉱毒《こうどく》問題を衆議院《しゅうぎいん》議員であった田中正造《たなかしょうぞう》が天皇《てんのう》に直訴《じきそ》する。

くわしく

日本の産業革命《かくめい》…イギリスより100年以上おくれた19世紀《せいき》末，軽工業（紡績《ぼうせき》や製糸《せいし》など）の分野で始まった。その後，八幡製鉄所《やはたせいてつじょ》の開業もあって重工業が発達した。

●年代早覚え

明治時代

1904

一《ひと》つくれよと 日露戦争《にちろせんそう》

1904《ひとつくれよと》年

日露戦争がおこる。

ロシアが満州《まんしゅう》・朝鮮《ちょうせん》へ勢力《せいりょく》を広げようとして，日露戦争がおこった。日本は，勝利したことで国際的地位を高めた。

1899年、義和団《ぎわだん》事件をきっかけにロシアは満州に進出し、乱の終結後も兵を引かなかった。
く〜、このままでは韓国《かんこく》をロシアに取られてしまう。
日本
アジアへ勢力を広げるには、ロシアの南下をくい止めなくては!
イギリス

1902年、日英同盟《にちえいどうめい》を結んだ。
ともに協力して、ロシアから両国の利権《りけん》を守りましょう。
●年代早覚え
1902
遠《とお》くをにらんで
日英同盟《にちえいどうめい》

重要用語

日英同盟《にちえいどうめい》…日本は満州《まんしゅう》から朝鮮《ちょうせん》へと勢力《せいりょく》をのばすロシアと対立し，イギリスはロシアの南下をおさえるために日本に接近し，共通の利害から日英同盟が結ばれた。

関連事項《じこう》

反戦論《ろん》…多くの国民がロシアとの戦いを支持するなかで、歌人の与謝野晶子《よさのあきこ》は、戦場にいる弟を思う「君死《きみし》にたまふ《う》ことなかれ」という詩を発表して日露《にちろ》戦争に反対する気持ちを示した。内村鑑三《うちむらかんぞう》はキリスト教徒の立場から、幸徳秋水《こうとくしゅうすい》は社会主義者の立場から反対した。

ロシアが満州から兵を引きません。このままではロシアが韓国に進出してきます！
なにい！
1904年、日本はロシアに宣戦布告《せんせんふこく》した。
行け！
日本は強い！
連戦！
連勝！
年代早覚え
1904
一つくれよと　日露戦争
でも本当は苦戦の連続だった。
さむい…
カンパン
対馬沖《つしまおき》で東郷平八郎《とうごうへいはちろう》司令長官《しれいちょうかん》が率《ひき》いる連合艦隊《かんたい》がロシアのバルチック艦隊をかいめつさせた。
ドドー
日本が勝っているうちに講和《こうわ》条約を結ぼう。
日本の国際的地位が上がったぞ！
1905年アメリカ大統領《だいとうりょう》の仲立ちでポーツマス条約《じょうやく》を結んだ。

主要人物紹介《しょうかい》

東郷平八郎《とうごうへいはちろう》（1847〜1934年）…薩摩藩《さつまはん》（鹿児島《かごしま》県）出身で、軍人最高の位の元帥《げんすい》になった。日露《にちろ》戦争で連合艦隊《かんたい》司令長官として戦艦「三笠《みかさ》」に乗りこみ、日本海軍を指揮《しき》した。1905年の日本海海戦では、当時無敵《むてき》といわれたロシアのバルチック艦隊を破《やぶ》った。

重要用語

ポーツマス条約《じょうやく》…セオドア=ルーズベルトが仲立ちし，1905年にアメリカで結ばれた。日本は樺太《からふと》の南半分や満州《まんしゅう》の鉄道の権利《けんり》を得たが，賠償金《ばいしょうきん》はなかった。

●年代早覚え　明治時代

1 9 10
いく十《じゅう》年《ねん》 日本韓国併合《かんこくへいごう》す

1910《いくじゅう》年

日本が韓国を併合する。

日本は韓国の外交権をうばい，皇帝《こうてい》を退位させ，抵抗《ていこう》運動を軍隊によっておさえ，韓国を併合し，植民地とした。

1905年11月
ポーツマス条約により、韓国の外交はすべて日本が指導《しどう》します。
伊藤博文《いとうひろぶみ》
それじゃわが国は日本の保護《ほご》国になってしまう！
しかし、抵抗《ていこう》運動は日本の軍隊におさえられてしまった。
同年12月、韓国統監府《とうかんふ》が置かれた。
わたしが初代統監になります。
1907年、韓国の皇帝《こうてい》を退位《たいい》させると抗日《こうにち》運動がはげしくなった。
日本軍出ていけ。

関連事項《じこう》

韓国《かんこく》の植民地化…ポーツマス条約《じょうやく》で韓国《かんこく》での優越権《ゆうえつけん》を得た日本は、1905年に韓国を保護国《ほごこく》とし、韓国統監府《とうかんふ》をおいて外交権《がいこうけん》をうばった。さらに1907年には内政《ないせい》の実権もにぎり、軍隊を解散させた。韓国の人々ははげしく抵抗《ていこう》したが、日本軍におさえられた。

くわしく

統治《とうち》機関…日露《にちろ》戦争後に韓国《かんこく》を保護《ほご》国とした日本は1905年，ソウルに韓国統監府《とうかんふ》を置いた。韓国併合《へいごう》後は朝鮮総督府《ちょうせんそうとくふ》を設置し，植民地支配の拠点《きょてん》とした。

抗日の取りしまりを強化しなければ。
そのためにも韓国を日本に併合する必要があるな。

1909年伊藤博文は満州《まんしゅう》を訪問《ほうもん》降り立ったハルビン駅にて…、
う!
バン!
安重根《アンジュングン》という韓国人に射殺《しゃさつ》されてしまった。

この事件をきっかけに、1910年日本は韓国併合を強行し、35年におよぶ支配が始まった。
これからは韓国を朝鮮とよぶ!
韓国併合
バン
多くの朝鮮人が土地をうばわれ、強制的に日本語を教えられた。

主要人物紹介《しょうかい》

安重根《アンジュングン》（1879〜1910年）…韓国《かんこく》の独立運動家《どくりつ》。満州《まんしゅう》（中国《ちゅうごく》の東北部）のハルビン駅頭で、韓国統監府《とうかんふ》初代統監の伊藤博文《いとうひろぶみ》を射殺《しゃさつ》し、翌年処刑《よくねんしょけい》された。ソウルに記念館が建てられ、切手に肖像《しょうぞう》が使われるなど、韓国では「救国《きゅうこく》の英雄《えいゆう》」とされている。

▼中国についての年代早覚え

●1911年…辛亥革命《しんがいかくめい》がおこる

行く《19》人々《11》も　辛亥革命

清《しん》をたおすためにおこった革命。民族の独立《どくりつ》（民族主義《しゅぎ》），民主制の実現（民権主義），国民生活の安定（民生主義）をめざす三民《さんみん》主義をとなえた孫文《スンウェン》が指導《しどう》した。革命がおこった翌年《よくねん》に清がほろびた。

◉年代早覚え
いく《19》十《10》年
日本韓国併合す

くわしく

日本の朝鮮《ちょうせん》支配…朝鮮の人々の土地を取りあげ，朝鮮の学校で日本語や日本の歴史を教えるようにした。また，名前を日本風に変えさせた（創氏改名《そうしかいめい》）。

年代早覚え　**明治時代**

19　1　1
低《ひく》い位置《いち》　小村《こむら》のおかげで　関税回復《かんぜいかいふく》

ひくいいち
1911年

条約改正《じょうやくかいせい》が達成される。

陸奥宗光《むつむねみつ》が日清戦争《にっしんせんそう》直前に領事裁判権《りょうじさいばんけん》の廃止《はいし》に成功《せいこう》，日露《にちろ》戦争の勝利後，小村寿太郎《じゅたろう》が関税自主権の回復に成功する。

主要人物紹介《しょうかい》

陸奥宗光《むつむねみつ》（１８４４～１８９７年）…伊藤博文内閣《いとうひろぶみないかく》の外務大臣《がいむだいじん》となり、日清《にっしん》戦争直前の１８９４年にイギリスと日英通商航海条約《じょうやく》を結んで領事裁判権《りょうじさいばんけん》（治外法権《ちがいほうけん》）の廃止《はいし》に成功した。日清戦争の講和《こうわ》会議に伊藤博文とともに全権として出席し、１８９５年に下関条約を結んだ。

江戸《えど》幕府《ばくふ》が結んだ不平等条約の改正は明治《めいじ》政府《せいふ》にとって長い間、大きな課題《かだい》だった。
領事裁判権（治外法権）なんとかならんか？
関税自主権がないと困るよ……。
不平等条約の改正のため井上馨《いのうえかおる》は、欧化《おうか》政策《せいさく》を行うが失敗……。
外国のマネをしてもダメか……。
1886年10月、和歌山《わかやま》県沖《おき》でイギリス船のノルマントン号がちんぼつ。
日本人は見殺《みごろ》しにされたそうだ！
何ということだ。
イギリス船の船長は軽い罰《ばつ》ですんだため、国内に条約改正を求める声が高まった。
日本で悪いことをした外国人を日本の裁判所でさばけないなんて！

重要用語　ノルマントン号事件…イギリス人船長とほとんどの船員はボートで脱出《だっしゅつ》したが，見すてられた日本人乗客25人は全員水死した。裁判《さいばん》はイギリス領事《りょうじ》が行った。

1894年、日清戦争の直前、イギリスが領事裁判権の廃止に応じた。
日本を味方につけておいたほうがよさそうだ。
陸奥宗光《むつむねみつ》
年代早覚え
廃止に 一番苦心《いちばんくしん》した 領事裁判権《りょうじさいばんけん》
1 8 9 4
イギリスが改正を認《みと》めれば、他の国もそれに従《したが》うだろう。
ホッ
まだまだ関税自主権があるぞ!
わたしがなんとかしましょう。
小村寿太郎《こむらじゅたろう》
日本が日露戦争《にちろせんそう》で勝利したので、日本の力を世界が認《みと》めてくれた。
1911年、関税自主権についてアメリカとの条約改正に成功《せいこう》!
日本も立派《りっぱ》な国になったな!
ありがとう!
年代早覚え
1 9 1 1
低い位置
小村のおかげで関税回復
これで輸入品《ゆにゅうひん》に自由に税金をかけられるぞ!

主要人物紹介《しょうかい》

小村寿太郎《こむらじゅたろう》(1855~1911年)…桂太郎内閣《かつらたろうないかく》の外務大臣《がいむだいじん》となり、1911年にアメリカと日米通商航海条約《にちべいつうしょうこうかいじょうやく》を結んで関税《かんぜい》自主権を回復《かいふく》し、条約改正を達成した。1902年に日英同盟《にちえいどうめい》を結び、日露《にちろ》戦争の講和《こうわ》会議に出席して1905年にポーツマス条約を結んだ。

参考

条約《じょうやく》改正のあゆみ…岩倉具視《いわくらともみ》らの使節団は相手にされず，井上馨《いのうえかおる》の欧化政策《おうかせいさく》は国民の反発を招《まね》き，まとまりかけた大隈重信《おおくましげのぶ》や青木周蔵《あおきしゅうぞう》の交渉《こうしょう》は調印直前で失敗した。

時代のまとめ

○ペリーの来航～明治《めいじ》維新《いしん》

開国…ペリー来航→日米和親条約《にちべいわしんじょうやく》→井伊直弼《いいなおすけ》が**日米修好通商《しゅうこうつうしょう》条約**（**領事裁判権《りょうじさいばんけん》**と**関税《かんぜい》自主権**）→貿易《ぼうえき》で経済《けいざい》が混乱《こんらん》。

江戸幕府《えどばくふ》の滅亡《めつぼう》…安政《あんせい》の大獄《たいごく》→桜田門外《さくらだもんがい》の変《へん》→尊王攘夷論《そんのうじょういろん》→**薩長同盟《さっちょうどうめい》**→徳川慶喜《とくがわよしのぶ》が大政奉還《たいせいほうかん》→王政復古《おうせいふっこ》の大号令《だいごうれい》。

中央集権体制…五か条《じょう》の御誓文《ごせいもん》→版籍奉還《はんせきほうかん》→廃藩置県《はいはんちけん》。

富国強兵《ふこくきょうへい》…徴兵令《ちょうへいれい》，**地租《ちそ》改正**，官営工場（富岡製糸場《とみおかせいしじょう》）。

文明開化《ぶんめいかいか》…学制《がくせい》，**福沢諭吉《ふくざわゆきち》**の『学問のすゝ《(す)》め』，太陽暦《たいようれき》。

○西南《せいなん》戦争～立憲政治《りっけんせいじ》の確立《かくりつ》

西南戦争…西郷隆盛《さいごうたかもり》を中心に鹿児島《かごしま》の不平士族《しぞく》が反乱。

自由民権運動…**板垣退助《いたがきたいすけ》**らが民撰《みんせん》（選）議院設立《ぎいんせつりつ》の建白書《けんぱくしょ》を提出《ていしゅつ》→政府《せいふ》が国会開設を約束《やくそく》→自由党《じゆうとう》・立憲改進党《りっけんかいしんとう》→内閣《ないかく》制度。

大日本帝国憲法《ていこくけんぽう》…**伊藤博文《いとうひろぶみ》**が皇帝《こうてい》の権力の強いドイツの憲法を参考に草案《そうあん》→天皇《てんのう》が国民にあたえるかたちで発布《はっぷ》。

帝国議会…貴族院《きぞくいん》と衆議《しゅうぎ》院→衆議院議員の選挙権《せんきょけん》は，一定の税金《ぜいきん》を納《おさ》める**満25才以上の男子のみ**。

○日清《にっしん》戦争～明治時代の文化

日清戦争…朝鮮《ちょうせん》をめぐって対立→日清戦争→**下関条約《しものせきじょうやく》**（遼東《リアオトン》半島・台湾《たいわん》・賠償《ばいしょう》金）→ロシアなどが**三国干渉《さんごくかんしょう》**。

日露《にちろ》戦争…日英同盟《にちえいどうめい》→日露戦争→**ポーツマス条約**（樺太《からふと》の南半分など）。与謝野晶子《よさのあきこ》（「君死《きみし》にたまふ《(う)》ことなかれ」）。

条約改正…陸奥宗光《むつむねみつ》が領事裁判権（治外法権）の廃止《はいし》に成功→**小村寿太郎《こむらじゅたろう》**が関税自主権の回復《かいふく》に成功。

産業と社会…**八幡製鉄所《やはたせいてつじょ》**，足尾銅山鉱毒《あしおどうざんこうどく》事件（田中正造《たなかしょうぞう》）。

文化…教育勅語《ちょくご》，北里柴三郎《きたさとしばさぶろう》，野口英世《のぐちひでよ》，夏目漱石《なつめそうせき》。

年代スピードチェック

問題	答え
□① アメリカの**ペリー**が**浦賀《うらが》に来航**したのは何年ですか。	①1853年
□② 江戸幕府《えどばくふ》がペリーと**日米和親条約《にちべいわしんじょうやく》**を結んだのは何年ですか。	②1854年
□③ 大老井伊直弼《たいろういいなおすけ》が**日米修好通商条約《しゅうこうつうしょうじょうやく》**を結んだのは何年ですか。	③1858年
□④ 坂本龍馬《さかもとりょうま》の仲《なか》だちで**薩長同盟《さっちょうどうめい》**が結ばれたのは何年ですか。	④1866年
□⑤ 15代将軍徳川慶喜《しょうぐんとくがわよしのぶ》が**大政奉還《たいせいほうかん》**を行ったのは何年ですか。	⑤1867年
□⑥ 新政府軍《せいふぐん》対旧幕府軍《きゅうばくふぐん》の**戊辰戦争《ぼしんせんそう》**がおこったのは何年ですか。	⑥1868年
□⑦ 明治天皇《めいじてんのう》が**五か条《じょう》の御誓文《ごせいもん》**を出したのは何年ですか。	⑦1868年
□⑧ 大名が土地と人民を返す**版籍奉還《はんせきほうかん》**を行ったのは何年ですか。	⑧1869年
□⑨ 藩《はん》を廃《はい》し府と県を置く**廃藩置県**が行われたのは何年ですか。	⑨1871年
□⑩ 6才になると教育を受ける**学制《がくせい》**が定められたのは何年ですか。	⑩1872年
□⑪ 軍隊をつくるため，**徴兵令《ちょうへいれい》**が出されたのは何年ですか。	⑪1873年
□⑫ 税収《ぜいしゅう》を安定させるために**地租《ちそ》改正**が行われたのは何年ですか。	⑫1873年
□⑬ 西郷隆盛《さいごうたかもり》を中心とする**西南《せいなん》戦争**がおこったのは何年ですか。	⑬1877年
□⑭ **大日本帝国憲法《ていこくけんぽう》**が発布《はっぷ》されたのは何年ですか。	⑭1889年
□⑮ **第1回の帝国議会**が開かれたのは何年ですか。	⑮1890年
□⑯ 陸奥宗光《むつむねみつ》が**領事裁判権《りょうじさいばんけん》（治外法権）を廃止《はいし》**したのは何年ですか。	⑯1894年
□⑰ 甲午《こうご》農民戦争を機に**日清《にっしん》戦争**が始まったのは何年ですか。	⑰1894年
□⑱ 北九州《きたきゅうしゅう》の**八幡製鉄所《やはたせいてつじょ》**が生産を始めたのは何年ですか。	⑱1901年
□⑲ ロシアの南下に備《そな》えて**日英同盟《にちえいどうめい》**が結ばれたのは何年ですか。	⑲1902年
□⑳ 満州《まんしゅう》・韓国《かんこく》をめぐり**日露《にちろ》戦争**がおこったのは何年ですか。	⑳1904年
□㉑ 日本が**韓国併合《へいごう》**を強行して植民地にしたのは何年ですか。	㉑1910年
□㉒ 小村寿太郎《こむらじゅたろう》が**関税《かんぜい》自主権の回復《かいふく》**に成功《せいこう》したのは何年ですか。	㉒1911年

第5章 二つの大戦とその後の日本

年代暗記 14

●年代早覚え　　大正時代

1　9　1　4
いく人《ひと》死《し》んだ　第一次大戦《だいいちじたいせん》

いくひとしんだ
1914年　**第一次世界大戦がおこる。**
オーストリアの皇太子が暗殺《あんさつ》された事件がきっかけとなり，第一次世界大戦がおこった。

1914年6月、オーストリアの皇太子がセルビアの青年に射殺《しゃさつ》された。
キャーッ!
これがきっかけとなってオーストリア側《がわ》(同盟国《どうめいこく》)とセルビア側(連合国《れんごうこく》)の間で戦争が始まった。
連合国側
同盟国側
中立国
イギリス
ドイツ
ロシア
フランス
オーストリア・ハンガリー
サラエボ
ルーマニア
スペイン
イタリア
セルビア
ブルガリア
ポルトガル
地中海
トルコ
ギリシャ
世界を戦争にまきこんだ第一次世界大戦である。

開運事項《じこう》

同盟国《どうめいこく》と連合国《れんごう》…第一次世界大戦前のヨーロッパでは、ドイツ・オーストリア・イタリアの三国同盟(同盟国)と、イギリス・フランス・ロシアの三国協商《きょうしょう》(連合国)が激《はげ》しく対立し、サラエボ事件をきっかけにして第一次世界大戦に発展《はってん》した。

くわしく　**サラエボ事件**…1914年，さまざまな勢力《せいりょく》が入りみだれ，いつ戦争がおこってもおかしくないことから「ヨーロッパの火薬庫」とよばれたバルカン半島でおこった。

関連事項《じこう》

第一次世界大戦の経過《けいか》…1914年にオーストリアがセルビアに宣戦《せんせん》して第一次世界大戦が始まり、1915年にイタリア（大戦中は連《れん》合国側《ごうこくがわ》に立つ）が、1917年にアメリカが連合国側で参戦《さんせん》した。1918年、ドイツなどの同盟《どうめい》国が次々に降伏《こうふく》して戦争は終結《しゅうけつ》した。

全世界的な戦争なんてはじめてだ！
しかも、新兵器が次々と登場したぞ！
年代早覚え
1914
いく人死んだ
第一次大戦
戦闘機《せんとうき》
戦車
毒《どく》ガス
潜水艦《せんすいかん》
日本も日英同盟《にちえいどうめい》を理由に連合国側につき参戦するぞ。
ドイツが中国《ちゅうごく》にもっている利権《りけん》を日本のものにするのだ！
1914年11月、中国にあるドイツのきょ点青島《チンタオ》をせん領した。
青島
さらに日本は中国に対して21か条《じょう》の要求をむりやり認《みと》めさせたぞ！
年代早覚え
1915
人食《く》い殺《ころ》す
21か条
21か条の要求
ヨーロッパの戦争が長引いたため、連合国からやアジア・アフリカからも日本に注文が増《ふ》えた！
わしら商人は大もうけだ！
わははは

重要用語

21か条《じょう》の要求…1915年，ドイツが山東省《シャントンしょう》にもつ権益《けんえき》を日本にゆずること，旅順《リュイシュン》《りょじゅん》・大連《ターリエン》《だいれん》の租借権《そしゃくけん》の延長《えんちょう》などを武力《ぶりょく》を背景《はいけい》にして中国に要求し，大部分を認《みと》めさせた。

●年代早覚え　　大正時代

1　9　1　8
人食《ひとく》いはぐれては 米騒動《こめそうどう》

1918《ひとくいは》**年**

米騒動がおこる。

富山《とやま》県での米の安売りを求めた動きが全国に広がり，米騒動となった。政府《せいふ》は軍隊を出動させてこの騒動をおさえた。

このごろ物の値上がりがひどいわ。特にお米なんか2倍以上よ。
何で？
米屋が買いしめて価格をつり上げているんよ。
1917
得意《とくい》な革命《かくめい》
ロシアのレーニン
ロシアはロシア革命で労働者や兵士の治める国となったが……、
地主《じぬし》や資本家《しほんか》たちが革命に反対して、各地で内乱が続いている。
そこでシベリア進出のチャンスと、列強《れっきょう》による出兵が行われる。
日本も出兵が近いらしい……。

主要人物紹介《しょうかい》

レーニン（1870～1924年）…ロシアの革命家《かくめいか》。ロシアの帝政《ていせい》がたおれたあと亡命《ぼうめい》先のスイスから帰国し、ロシア革命を指導《しどう》した。1917年に世界で最初の社会主義《しゅぎ》政府《せいふ》をつくり、1922年にソビエト社会主義共和国連邦《れんぽう》（ソ連）を成立させた。

くわしく シベリア出兵…ロシアの社会主義《しゅぎ》革命《かくめい》がほかの国に広がることをおそれた日本・イギリス・フランス・アメリカは，ロシアに兵を送り革命をさまたげようとした。

となると出兵する軍人の米がますます必要・・・・。
今のうちに買いしめておけば大もうけできる。
コラッ米の値段《ねだん》を下げろ。
米よこせ！
ドド!!
1918年富山県で始まった米騒動は新聞で報道《ほうどう》されまたたくまに全国に広がった。
年代早覚え
人食いはぐれては 1918
米騒動
米騒動は警察や軍隊が出動してちん圧された。
これがきっかけで社会運動もさかんになった。
新聞記者もだん圧に負けず政府《せいふ》を批判《ひはん》したよ。
おかげで寺内内閣《てらうちないかく》は総辞職《そうじしょく》じゃ。
寺内正毅《まさたけ》
そして1918年9月、原敬《はらたかし》による初の本格的な政党内閣《せいとうないかく》が発足《ほっそく》したのだ。
原敬

主要人物紹介《しょうかい》

原敬《はらたかし》（1856～1921年）…立憲政友会《りっけんせいゆうかい》の総裁《そうさい》となり、1918年の米騒動《こめそうどう》で寺内正毅内閣《てらうちまさたけないかく》がたおれたあと、陸軍・海軍・外務大臣《がいむだいじん》以外の大臣を立憲政友会の党員で組織する本格的な政党《せいとう》内閣をつくった。華族《かぞく》や藩閥《はんばつ》の出身でないことから「平民宰相《へいみんさいしょう》」とよばれた。

重要用語

米騒動《こめそうどう》…富山《とやま》県からまたたくまに全国に広がり，全国で約70万人もの民衆が参加した。政府《せいふ》は，警察《けいさつ》や軍隊を動員してこの騒動をしずめたが，寺内内閣《てらうちないかく》がたおれた。

●年代早覚え　**大正時代**

1　9　2　0
遠《とお》くにおよぶか　平和《へいわ》の連盟《れんめい》

とおくにおよぶか
1920年

国際連盟《こくさいれんめい》が設立《せつりつ》される。

アメリカ大統領《だいとうりょう》ウィルソンの提案《ていあん》で世界の平和を守るために国際連盟が設立されたが，アメリカは不参加《ふさんか》だった。

第一次世界大戦のあと——、
やれやれ長い戦争《せんそう》だった・・・・。
1919年、パリ郊外《こうがい》で大戦の終結にともなう講和会議《こうわかいぎ》が開かれベルサイユ宮殿《きゅうでん》で調印《ちょういん》された。
このとき結ばれた条約《じょうやく》を、宮殿の名をとってベルサイユ条約といい、ドイツは全植民地《しょくみんち》を失い、ばく大な賠償金《ばいしょうきん》を支払《しはら》うことになった。
●年代早覚え
1919
ドイツびくびくベルサイユ
アメリカ大統領《だいとうりょう》ウィルソン
とにかく世界は平和を望《のぞ》んでいるのだ。

関連事項《じこう》

アジアの民族運動…朝鮮《ちょうせん》で1919年3月1日、人々が「独立《どくりつ》万歳《ばんざい》《マンセー》」とさけんで独立を求める三《さん》・一《いち》独立運動がおこった。パリ講和会議《こうわかいぎ》で21か条の要求の取り消しのうったえが認《みと》められなかった中国では1919年5月4日、外国のしん略《りゃく》に反対する五《ご》・四《し》運動がおこった。

重要用語　ベルサイユ条約《じょうやく》…1919年，連合国《れんごうこく》とドイツが結び，ドイツは全植民地《しょくみんち》を失い，賠《ばい》償金《しょうきん》を課《か》せられた。日本は，中国にあったドイツの権利《けんり》などを受けついだ。

平和と民主主義《みんしゅしゅぎ》の機関《きかん》として国際連盟《こくさいれんめい》をつくりましょう。
1920年、世界42か国の参加により国際連盟が発足《ほっそく》した。
第1回総会はスイスのジュネーブで開かれた。
◎年代早覚え
遠《1》く《9》に《2》お《0》よぶか
平和の連盟
とかいっちゃって、なんだアメリカは不参加か。
いい出しっぺなのに…。
日本、イギリス、フランス、イタリアが常任理事国《じょうにんりじこく》に選ばれた。
二度と戦争はしない。平和を守ろう！
フランス
イタリア
しかし、アメリカやソ連という大国が参加していないことと武力制裁《ぶりょくせいさい》ができないということは‥ちと、たよりない。

主要人物紹介《しょうかい》

新渡戸稲造《にとべいなぞう》（1862～1933年）…札幌農学校《さっぽろのうがっこう》（北海道《ほっかいどう》大学の前身）出身で、教育者となって多くの人材を育てた。国際連盟《こくさいれんめい》本部の事務《じむ》局次長《きょくじちょう》として国際親善《しんぜん》につくし、『武士道《ぶしどう》』という著書で日本の精神《せいしん》文化を紹介《しょうかい》した。旧《きゅう》5000円札《さつ》に肖像《しょうぞう》が使われていた。

重要用語

国際連盟《こくさいれんめい》…1920年，世界平和を守るために設立《せつりつ》された。日本は，イギリス・フランス・イタリアとともに常任理事国《じょうにんりじこく》になった。のちにドイツとソ連も加盟《かめい》した。

年代早覚え　大正時代

行《1》く《9》ぞ ニ《2》コ《5》ニコ 普通選挙《ふつうせんきょ》

1《い》9《くぞ》2《ニ》5《コニコ》年

普通選挙法が成立する。

25才以上のすべての男子に選挙権《せんきょけん》を認《みと》める普通選挙法が成立した。直前に治安維持《ちあんいじ》法が制定された。

1925年
おおっ
やっと普通選挙法が成立したぞ！
これで国民みんなで衆議院《しゅうぎいん》議員《ぎいん》を選べるのね。
でも、女子にはまだ選挙権はないのだ。
25才以上の男子だけなのだ。
ウッソー、そんなのヒドイ！
今までは3円以上の税金《ぜいきん》を納《おさ》める金持ちだけだったんだから、これでも大きな進歩だよ。
そうそう。

関連事項《じこう》

護憲《ごけん》運動…1912年、尾崎行雄《おざきゆきお》や犬養毅《いぬかいつよし》は藩閥政治《はんばつせいじ》(長州《ちょうしゅう》・薩摩藩《さつまはん》の出身者などが政治《せいじ》を独《どく》せん)に反対し、立憲《りっけん》政治を守る第一次護憲運動をおこした。1924年、立憲政友会などが政党内閣《せいとうないかく》・普通選挙を求める第二次護憲運動をおこし、加藤高明《かとうたかあき》内閣が成立した。

参考

有権者割合《ゆうけんしゃわりあい》の変化…1890年に総人口の1.1%，1902年に2.2%，1920年に5.5%で，納税額《のうぜいがく》の制限《せいげん》がなくなった1928年には1920年の約４倍の19.8%に増加した。

関連事項《じこう》

普通選挙法《ふつうせんきょほう》と治安維持《ちあんいじ》法…普通選挙法の成立で有権者《ゆうけんしゃ》はいっきに4倍に増《ふ》えたが、直前に治安維持法が制定された。天皇《てんのう》中心の政治《せいじ》のあり方を変えようとする者や社会主義《しゅぎ》をめざす者を取りしまるための法律《ほうりつ》で、普通選挙法のアメの政策《せいさく》に対し、ムチの政策といわれた。

年代早覚え
行《1》く《9》ぞニ《2》コ《5》ニコ
普通選挙
その3年後に第1回普通選挙が行われた。
普通選挙法が成立すれば、社会主義《しゅぎ》運動が強まって、社会主義者が当選するとめんどうだ…。
政府《せいふ》にとって危険《きけん》な思想《しそう》や行動を取りしまる法をつくろう。
国民の思想がかたよらないように監視《かんし》するのだ。
普通選挙法に先だって治安維持法《ちあんいじほう》が成立した。
演説会

▼普通選挙法についての年代早覚え

●1925年…治安維持法《ちあんいじほう》を制定する

遠《1》《とお》く《9》に《2》声《5》《こえ》する　維持法もある

■1928年…25才以上の男子による普通選挙が行われた。

普通選挙法のもとでの最初の衆議院議員選挙である。

政府に反対すれば、だん圧されるじゃないか。
まだまだ、本当の民主主義にはほど遠いな。

重要用語

普通選挙法《ふつうせんきょほう》…加藤高明内閣《かとうたかあきないかく》が1925年に制定し，納税額《のうぜいがく》に関係なく，満25才以上の男子に選挙権《せんきょけん》をあたえることになった。しかし，女子にはあたえられなかった。

年代早覚え　　昭和時代

借金《しゃっきん》が ひ《1》どく《9》ふ《2》く《9》らむ 世界恐慌《せかいきょうこう》

1929《ひどく ふ くらむ》年 世界恐慌がおこる。

ニューヨークの株価《かぶか》が急激《きゅうげき》に値下がりしたことをきっかけに世界じゅうが不景気《ふけいき》になった。

第一次世界大戦後、アメリカではヨーロッパ諸国《しょこく》への輸出《ゆしゅつ》で好景気にめぐまれていた。
世界の金の半分はアメリカに集まっているぞっ！
人々は競《きそ》って株を買った。
今に金持ちだぞーっ。
株
年代早覚え
借金が ひ《1》どく《9》ふ《2》く《9》らむ 世界恐慌
ところが、1929年10月24日ニューヨーク・ウォール街証券取引所《しょうけんとりひきじょ》—。
株価が大暴落《だいぼうらく》だーっ。
株券が紙くず同然《どうぜん》だ！
倒産《とうさん》だ！
失業《しつぎょう》だ！

関連事項《じこう》

恐慌《きょうこう》…資本主義経済《しほんしゅぎけいざい》のもとでは不景気《ふけいき》が定期的におとずれるが、好《こう》景気から不景気への変動が急激《きゅうげき》におこり、経済が大混乱《こんらん》すること。一般には、世界恐慌にみられたように、生産量が多いのに買う人が少ないことから品物があまる場合におこる。

重要用語

世界恐慌《せかいきょうこう》…1929年，アメリカで株価《かぶか》の急落《きゅうらく》を機に企業《きぎょう》が次々に倒産《とうさん》し，町に失業《しつぎょう》者《しゃ》があふれた。経済《けいざい》の混乱《こんらん》は，またたくまにソ連をのぞく全世界に広まった。

そのえいきょうで、日本の不景気はいっそうひどくなった。
失業しちゃったよ。
農家も農作物の値下がりと凶作《きょうさく》で苦しいよぉー。
ボリボリ
こんなときはどーする。
どーする？
公共事業《こうきょうじぎょう》で失業者を救い、景気の回復《かいふく》をはかるのだ。
これをニューディール政策《せいさく》というのだ！
アメリカでは、ルーズベルト
わがイタリアは資源《しげん》や市場《しじょう》が少ない！
国外へ進出することで恐慌を乗りきろう！
ムッソリーニ
よーし、ドイツもファシズムでいこう！
ハイルヒトラー！
ヒトラー
日本も同じじゃ。
こんなときこそ軍国主義《ぐんこくしゅぎ》で切りぬけるしかなーい！
ドン
ドン
うわっ、おそろしい時代になるぞ！

関連事項《じこう》

世界恐慌《せかいきょうこう》の対策《たいさく》…アメリカはニューディール政策《せいさく》、イギリスとフランスは本国と植民地《しょくみんち》などとの結びつきを強めるブロック経済《けいざい》政策を行った。ドイツ・イタリア・日本ではファシズムが台頭《たいとう》し、海外しん略《りゃく》を強めていった。ソ連は世界恐慌のえいきょうを受けなかった。

くわしく

ニューディール政策《せいさく》…ルーズベルト大統領《だいとうりょう》は，大きぼな公共事業《こうきょうじぎょう》をおこして失業者《しつぎょうしゃ》に仕事をあたえ，国民の購買力《こうばいりょく》を高める政策で恐慌《きょうこう》を乗りきろうとした。

●年代早覚え　　昭和時代

1931 独裁《どくさい》の 道《みち》つきすすむ 満州事変《まんしゅうじへん》

1931《どくさい》年

満州事変がおこる。

日本軍は満州(中国東北部)の鉄道をばく破《は》し，中国軍《ちゅうごくぐん》のしわざだとして満州をせん領《りょう》し，満州国を建国した。

関連事項《じこう》

日本の景気《けいき》…1923年の関東大震災《かんとうだいしんさい》による不景気、1927年の銀行の取りつけさわぎがもとでおこった金融恐慌《きんゆうきょうこう》、そして1929年の世界恐慌のえいきょうで日本経済《けいざい》が混乱《こんらん》した。これらの結果、町に失業者があふれ、農村では農作物の値下がりが続いた。

あ〜あ、いつまで続くのかな……。
この不景気……。
この不きょうを乗りきるには満州に進出することだ！
満州
満州には鉄・石炭など資源《しげん》が豊富《ほうふ》にある！
満州こそは日本の生命線であり、宝の山である！
1931年9月、満州・奉天《フォンティエン(ほうてん)》郊外《こうがい》の柳条湖《リウティアオフー》《りゅうじょうこ》付近で*満鉄の線路がばく破《は》された。
ドド！
これは中国軍のしわざだ許《ゆる》さーん！

*南満州鉄道

くわしく

満州《まんしゅう》は日本の生命線…満州は日本の重要な市場で，南満州鉄道(満鉄)へ多額《たがく》の投資《とうし》をしていた。軍部は，満州に豊富《ほうふ》な資源《しげん》があることや開拓《かいたく》のみりょくを説《と》いた。

＊満州に駐留していた日本軍

＊関東軍《かんとうぐん》は
ただちに
中国軍を攻撃《こうげき》し
満鉄沿線《まんてつえんせん》の
都市をせん領《りょう》した。
これが
満州事変といわれ
長い戦争への道の
出発点となった。
ドカーン
年代早覚え
1931
独裁の 道つきすすむ
満州事変
このばく破は、満州を日本の領土にしようとして、関東軍がしくんだものだ……。
ドドーン
関東軍は、3か月あまりで満州全域をせん領した。
1932年3月、日本はせん領した満州に新しく満州国をつくった。
そして、1934年3月、清朝《しんちょう》最後の皇帝《こうてい》・溥儀《プーイー》《ふぎ》を満州国皇帝とした。
わははは
もちろん実際の政治《せいじ》は日本が動かした！
溥儀
1932年5月15日、政府に不満をもつ海軍の青年将校《しょうこう》たちに犬養毅首相《いぬかいつよししゅしょう》が暗殺《あんさつ》された。
年代早覚え
1932
いくさになるぞ
五・一五事件《ごいちごじけん》
こののち軍部の力はいっそう強くなっていった。

関連事項《じこう》

五・一五事件《ごいちごじけん》…1932年5月15日、海軍の青年将校《しょうこう》らが、満州国承認《まんしゅうこくしょうにん》に反対する犬養毅《いぬかいつよし》（1855～1932年）首相《しゅしょう》を暗殺した。この事件により、1924年の加藤高明内閣《かとうたかあきないかく》から約8年間続いていた政党政治《せいとうせいじ》が終わり、ふたたび軍人や官僚《かんりょう》からなる内閣になった。

重要用語

満州国《まんしゅうこく》…1932年，日本が満州の自治《じち》を名目にして中国東北部に建国し，日本軍（関《かん》東《とう》軍）と日本の役人が政治・軍事・経済《けいざい》などの実権《じっけん》をにぎった。

●年代早覚え　　昭和時代

1 9 3 7

いくさ長《なが》引《び》く　日中戦争《にっちゅうせんそう》

いくさながびく

1937年

日中戦争がおこる。

国際連盟《こくさいれんめい》を脱退《だったい》した日本は，中国《ちゅうごく》北部に軍隊を進め，北京《ペキン》郊外《こうがい》での日中両軍のしょう突《とつ》から，日中戦争がおこった。

1933年2月、ジュネーブでの国際連盟総会——。
リットン調査団の報告《ほうこく》では、
満州事変《まんしゅうじへん》は明らかに日本のしん略《りゃく》です！
日本代表 松岡洋右《まつおかようすけ》
●年代早覚え
1 9 3 3
引くさっさ
国際連盟
さようなら
約1か月後、日本は国際連盟をだっ退した。
やってられんよ！
1936年2月26日、陸軍の青年将校《しょうこう》たちが部下を指揮《しき》してクーデターをおこした。
なっ、なんだ、なんだ？

重要用語

二《に》・二六事件《にろくじけん》…陸軍の青年将校《しょうこう》らが首相官邸《しゅしょうかんてい》などをおそって有力政治《せいじ》家を殺傷《さっしょう》し，東京の中心部をせん領《りょう》した。事件後，軍部の発言力が高まり，議会は無力化した。

関連事項《じこう》

日本の孤立《こりつ》…満州事変《まんしゅうじへん》後の日本は、国際連盟《こくさいれんめい》による満州からの引きあげ勧告《かんこく》に反発して国際連盟を脱退《だったい》し、海軍軍縮条約《ぐんしゅくじょうやく》を破《は》きして軍《ぐん》備《び》強化をすすめ、国際的に孤立していった。これは、五《ご》・一五事件《いちごじけん》や二《に》・二六《にろく》事件をへて軍部が台頭《たいとう》してきた時期に呼応《こおう》している。

年代早覚え
1936
ひどく寒い日
二・二六《に・にろく》
ふ敗した政治を立て直すために立ち上がった。二・二六事件《じけん》なのだ！
討奸
尊
青年将校たちは反乱軍としてとらえられ銃殺刑《じゅうさつけい》となった。
そして1937年、日本軍が北京《ペキン》近くの盧溝橋《ルーコウチアオ》《ろこうきょう》に駐屯《ちゅうとん》していた。
銃弾《じゅうだん》が頭上をかすめたぞ！
チューン
華北《かほく》（中国北部）を支配するチャンスだ！
突撃《とつげき》——っ！
ドン
ドン
長く続く日中戦争の始まりであった。
1938年、国家総動員法《こっかそうどういんほう》が成立、翌年《よくねん》には国民徴用令《ちょうようれい》が出された。
万全《ばんぜん》の戦争体制じゃ。
こうして戦争は広がり長期戦となっていった。
年代早覚え
1937
いくさ長引く
日中戦争
いよいよドロぬまだな…。

関連事項《じこう》

戦時体制の強化…1938年、政府《せいふ》が国民や物資をすべて戦争に動員できるようにする国家総動員法《こっかそうどういんほう》が制定された。1940年には、戦争に協力するため、政党《せいとう》や政治団体を解散《かいさん》して大政翼賛会《たいせいよくさんかい》、労働組合を解散して大日本産業報国会《さんぎょうほうこくかい》がつくられた。

重要用語

日中戦争《にっちゅうせんそう》…1937年，日本軍が中国人兵士のほか，民間の女性・子どもを虐殺《ぎゃくさつ》する南京《ナンキン》事件がおこった。抗日民族統一戦線《こうにちみんぞくとういつせんせん》の結成《けっせい》もあり，戦争は長期化した。

●年代早覚え　　昭和時代

い《1》く《9》さ《3》苦《9》《くる》しい　第二次大戦《だいにじたいせん》

いくさくるしい　第二次世界大戦がおこる。

1939年　ドイツがポーランドへしん攻《こう》すると，イギリス・フランスが宣戦布告《せんせんふこく》し，第二次世界大戦がおこった。

関連事項《じこう》

ヒトラー（1889〜1945年）…ナチス（国家社会主義《しゅぎ》ドイツ労働者党）の党首《とうしゅ》。ドイツ至上《しじょう》主義、反ユダヤをかかげて勢力《せいりょく》をのばした。1933年に政権《せいけん》をにぎると、国際連盟《こくさいれんめい》を脱退《だったい》し、再軍備《さいぐんび》を宣言《せんげん》し、海外しん略《りゃく》をすすめて第二次世界大戦を引きおこした。

1933年、ドイツではヒトラーが政権《せいけん》をにぎり、独裁《どくさい》体制がしかれた。
ヒトラー
ベルサイユ条約《じょうやく》など破《は》きするのだ。共産主義者《きょうさんしゅぎしゃ》とユダヤ人をやっつけろ！
ドイツ民族が生きるために領土《りょうど》を広げるのだ！
1938年、オーストリアを併合《へいごう》したぞ。
オーストリアはドイツの配下に入るべきなのだ。
そして、1939年、チェコスロバキアを解体《かいたい》した。
ドドン
いけいけドンドン！領土を広げるのだ！

くわしく　ユダヤ人虐殺《ぎゃくさつ》…ヒトラーは，国民にドイツ民族の優秀《ゆうしゅう》さを認識《にんしき》させるため，ユダヤ人（神から選ばれた民族という意識をもつ）を迫害《はくがい》する政策《せいさく》をとり，大量虐殺《ぎゃくさつ》した。

関連事項《じこう》

第二次世界大戦の経過《けいか》…1940年、イタリアがドイツ側《がわ》で参戦《さんせん》、フランスがドイツに降伏《こうふく》→1941年、ドイツがソ連にしん攻《こう》、連合国が反ファシズムで団結→1943年、イタリアが降伏→1945年、ドイツが降伏し、ヨーロッパでの戦争が終結《しゅうけつ》した。

ドドーン
1939年、勢《いきお》いにのるドイツはポーランドにしん攻した。
わははは！
何っ⁉ ヒトラーがポーランドへしん攻したと！
イギリス　チャーチル
●年代早覚え
1 9 3 9
いくさ苦しい
第二次大戦
とかいってイギリスとフランスはドイツに宣戦布告！
こうして第二次世界大戦が始まったのです。
宣戦布告
イタリアと軍事同盟《ぐんじどうめい》を結んだドイツはデンマーク ノルウェー オランダ ベルギーを攻《せ》め、
さらにフランスを降伏《こうふく》させた。
ドドーン
ヨーロッパの戦火は日ごとにはげしくなっていったのだ！
わははは

重要用語

ファシズム…民主主義《しゅぎ》を無視《むし》し，個人の自由を軽くみる，全体主義的な独裁政治《どくさいせいじ》をいう。イタリアのムッソリーニ，ドイツのヒトラーによる政治などに代表される。

●年代早覚え　　昭和時代

1　9　4　　1
行《い》くよ　いちずに　真珠湾《しんじゅわん》

いく　よ　いちずに
1941年
太平洋戦争《たいへいようせんそう》がおこる。

ドイツと同盟《どうめい》を結ぶ日本は，アメリカ海軍基地《きち》のある真珠湾の攻撃《こうげき》とほぼ同時に宣戦布告《せんせんふこく》し，太平洋戦争となった。

1940年、日独伊《にちどくい》三国同盟を結んだ。
●年代早覚え
1940
行く寄《よ》れ　三国　日独伊
戦争が長引いて軍事物資《ぐんじぶっし》が不足してきた。
資源を求めて南方へ進出するぞ！
それなら、日本への物資の輸出《ゆしゅつ》禁止！経済封鎖《けいざいふうさ》だ！
イギリス、オランダ、中国《ちゅうごく》も同調するぞ！
困った……。このままでは日本の国力がおとろえてしまう。
こーなったら、アメリカと戦争だ！
んにゃ、もっと交渉《こうしょう》の努力《どりょく》をするべきだ。

関連事項《じこう》

開戦前の動き…日独伊三国同盟《にちどくいさんごくどうめい》後日本は、アメリカやイギリスと対立を深め、1941年の日ソ中立条約《じょうやく》後にフランス領《りょう》インドシナ南部に軍隊を送った。日本の南進に対抗《たいこう》するため、アメリカは日本への石油輸出《ゆしゅつ》を禁止し、イギリスなどと結んで日本を経済封鎖《けいざいふうさ》した。

くわしく

太平洋《たいへいよう》戦争の開始…1941年12月８日，日本の陸軍がイギリス軍のいるマレー半島に上陸し，海軍がハワイの真珠湾《しんじゅわん》にあるアメリカ軍基地《きち》を攻撃《こうげき》して始まった。

関連事項《じこう》

戦争中の国民…物資《ぶっし》が不足したため、米・衣服・日用品などが配給制《はいきゅうせい》・切符《きっぷ》制となった。男子学生が戦場に送られ（学徒出陣《しゅつじん》）、労働力不足を補《おぎな》うために女子学生や中学生が工場や農村で働かされた（勤労《きんろう》動員）。都市の小学生は、空《くう》しゅうをさけて地方に集団疎開《そかい》した。

いちずに開戦を主張《しゅちょう》する東条英機《とうじょうひでき》が首相《しゅしょう》となり、
開戦じゃ——っ！
1941年12月8日、真珠湾攻撃によってアメリカは多大な被害《ひがい》を受けた。
年代早覚え
1 9 4 1
行くよ いちずに
真珠湾
開戦から半年ほどの間に日本軍は東南アジアの各地を次々とせん領した。
しかし、1942年ミッドウェー海戦で敗れてからは、
次々と負けいくさが続き日本の本土が空しゅうされるようになった。

▼太平洋戦争についての年代早覚え

●1942年…ミッドウェー海戦

1 9 4 2
いく世《よ》に伝わる　ミッドウェー

●1944年…本土への空しゅうが始まる

1 9 4 4
人《ひと》が苦《くる》しむ　死《し》の空しゅう

●1945年…ポツダム宣言《せんげん》を受け入れる

1 9 4 5
解《と》く信号《しんごう》は　ポツダム宣言

そして、1945年、広島《ひろしま》と長崎《ながさき》に原爆《げんばく》が落とされ、日本は降伏《こうふく》して戦争は終わった。

重要用語

ポツダム宣言《せんげん》…1945年７月，アメリカ・中国・イギリス（のちにソ連も参加）が発表し，日本に無条件降伏《むじょうけんこうふく》などを要求した。８月，日本はこれを受け入れて降伏した。

●年代早覚え　昭和時代

と《1》く《9》によ《4》ろ《6》しい　日本国憲法《けんぽう》

1《と》9《く》4《によ》6《ろ》年　日本国憲法が公布《こうふ》される。

国民主権《しゅけん》，基本的人権《きほんてきじんけん》の尊重《そんちょう》，平和主義《しゅぎ》を三つの基本原則《げんそく》とする日本国憲法が公布され，1947年に施行《しこう》された。

戦争が終わると、GHQ《ジーエイチキュー》によってせん領政策《りょうせいさく》が始められた。
日本が民主国家に生まれかわるには憲法の改正《かいせい》が必要でーす。
マッカーサー
早く新憲法の草案をつくりなさーい。
えーとえーとここを……、
いい草案ができないから、GHQが草案をつくりました！
ハイ
憲法改正草案 GHQ
1946年11月3日日本国憲法が公布《こうふ》され、
翌年《よくねん》5月3日から施行《しこう》された。
●年代早覚え
と《1》く《9》によ《4》ろ《6》しい
日本国憲法

主要人物紹介《しょうかい》

マッカーサー（1880～1964年）…太平洋《たいへいよう》戦争時、アメリカ軍司令官《しれいかん》として対日戦の指揮《しき》をとった。日本の降伏《こうふく》後、連合国軍総《れんごうこくぐんそう》司令《しれい》部《ぶ》（GHQ《ジーエイチキュー》）の最高司令官として日本のせん領政策《りょうせいさく》の中心となり、日本の民主化をすすめた。朝鮮《ちょうせん》戦争時、国連軍の最高司令官になった。

参考　**公布《こうふ》と施行《しこう》**…日本国憲法《けんぽう》の公布（発布《はっぷ》と同じ意味）日の11月３日は文化の日，施行（効力《こうりょく》が発生）日の５月３日は憲法記念日として国民の祝日《しゅくじつ》になっている。

戦前の憲法とどうちがうのかな？
大日本帝国《ていこく》憲法では天皇《てんのう》が絶対《ぜったい》の権力《けんりょく》をもっていたが、日本国憲法では天皇は国の象徴《しょうちょう》となり、国民が主権をもつことになったのだよ。
そして戦争を永久《えいきゅう》に放《ほう》きする！

日本国憲法の三原則はコレ！
国民主権《しゅけん》
基本的人権《きほんてきじんけん》の尊重《そんちょう》
平和主義
民主化政策としては、女性の参政権《さんせいけん》が実現《じつげん》。農民の多くが自作農《じさくのう》となる農地改革《かいかく》が行われた。

また、小学校6年間、中学校3年間を義務《ぎむ》教育とする六・三制が発足《ほっそく》した。
このように、日本の民主化はGHQの指導《しどう》ですすめられた。
3年間
6年間

▼戦後の改革についての年代早覚え

●1945年…女性の参政権《さんせいけん》が認《みと》められる

行《1》く《9》なら予《4》行《5》《よこう》を　女性も選挙

●1946年…農地改革《かいかく》が行われる

と《1》く《9》によ《4》ろ《6》こぶ　農地改革

●1947年…教育基本《きほん》法の制定

一《1》句《9》読《4》《いっくよ》みな《7》おせ　教育基本法

関連事項《じこう》

日本の民主化…政治《せいじ》（満20才以上の男女に選挙権《せんきょけん》があたえられ、女性の参政権《さんせいけん》が実現《じつげん》、政党《せいとう》が復活《ふっかつ》）、経済《けいざい》・社会（農地改革《かいかく》、産業界《さんぎょうかい》を支配していた財閥《ざいばつ》を解体、労働者の権利《けんり》を守るために労働組合法などの法律《ほうりつ》を制定）、教育（教育基本《きほん》法を定め、男女共学に）。

くわしく　日本国憲法《けんぽう》の三原則《げんそく》…国民主権《しゅけん》（政治のあり方を決める主権は国民にある），基本的《きほんてき》人権《じんけん》の尊重《そんちょう》（一人ひとりの国民の権利《けんり》を尊重する），平和主義（戦争を放《ほう》きする）。

●年代早覚え　　**昭和時代**

1　9　　5　1

行《い》くよ 来《こ》いよと 講和《こうわ》の会議《かいぎ》

1951《いくよこいよと》年

サンフランシスコ平和条約《じょうやく》を結ぶ。

サンフランシスコで講和会議が開かれ，日本は48か国とサンフランシスコ平和条約を結び，独立《どくりつ》を回復《かいふく》した。

関連事項《じこう》

朝鮮《ちょうせん》戦争と日本…日本にいたアメリカ軍が出動すると、連合国軍最高司令官総司令部《れんごうこくぐんさいこうしれいかんそうしれいぶ》（ＧＨＱ《ジーエイチキュー》）は、国内の治安を守るために政府に警察予《けいさつよ》備隊《びたい》の設置《せっち》を命じ、これが保安隊《ほあんたい》、自衛隊《じえいたい》へと発展《はってん》した。アメリカから大量の軍事物資《ぶっし》の注文（特需《とくじゅ》）があり、日本経済《けいざい》の復興《ふっこう》が早まった。

1950年、朝鮮戦争《ちょうせんせんそう》がおきた。
●年代早覚え
1 9 5 0
行く号令《ごうれい》は
朝鮮戦争
韓国軍《かんこくぐん》にはアメリカが、北朝鮮《きたちょうせん》軍には中国の義勇《ぎゆう》軍が支援《しえん》した。
米軍は戦争に必要な軍事物資《ぐんじぶっし》を日本に求めたため、日本は特需景気《とくじゅけいき》にわいた。
マッカーサー様のおかげです。
日本国内の治安《ちあん》を守るため、ＧＨＱ《ジーエイチキュー》は警察予備隊《けいさつよびたい》を発足させたよ。
自衛隊《じえいたい》の前身です。

重要用語

サンフランシスコ平和条約《じょうやく》…朝鮮《ちょうせん》戦争をきっかけに，アメリカは日本の独立を急ぎ，日本は資本主義国《しほんしゅぎこく》の48か国と平和条約を結んだ。翌年《よくねん》，日本は独立を回復《かいふく》した。

そろそろ日本も独立して、わたしたち資本主義《しほんしゅぎ》国家の仲間《なかま》になりなさーい。
はい。
吉田茂《よしだしげる》
1951年、サンフランシスコ平和条約が結ばれた。
年代早覚え
行《1》く《9》よ来《5》い《1》よと
講和の会議
条約に調印したのはソ連や中国《ちゅうごく》などをのぞく48か国であった。
同時に日米安全保障《にちべいあんぜんほしょう》条約も結ばれ、米軍が日本の基地《きち》にとどまることや、沖縄《おきなわ》は引き続きアメリカが統治《とうち》するなど、
完全な独立とはいえなかった。
立入禁止

主要人物紹介《しょうかい》

吉田茂《よしだしげる》（1878～1967年）…第二次世界大戦前は外交官《がいこうかん》で、戦後は外務大臣《がいむだいじん》としてGHQ《ジーエイチキュー》との交渉《こうしょう》にあたった。1946年から1954年にかけて5度も内閣《ないかく》を組織した。1951年にサンフランシスコ平和条約《じょうやく》と日米安全保障《あんぜんほしょう》条約に調印した。

▼国連加盟についての年代早覚え

- 1956年…ソ連と国交回復《かいふく》
  日ソの国交断絶《だんぜつ》　解《1》《と》く《9》こ《5》ろ《6》だ
- 1956年…国際連合に加盟《かめい》する
  行《1》《い》く《9》こ《5》ろ《6》になる　国際連合

〔国際連合に加盟するためにはソ連の賛成《さんせい》が必要だった。ソ連との国交回復と国際連合加盟は同じ年に行われた。〕

その後1956年、日ソ共同宣言《きょうどうせんげん》に調印してソ連と国交を回復。同年、国際連合《こくさいれんごう》に加盟《かめい》が認《みと》められた。

重要用語

日米安全保障条約《あんぜんほしょうじょうやく》…日本の安全と東アジアの平和を守ることが目的。1960年に改定《かいてい》。

国際連合《こくさいれんごう》…1945年，世界の平和と安全を守るために設立《せつりつ》。本部はニューヨーク。

●年代早覚え **昭和時代**

1　9　6　4
ひと苦労《くろう》して オリンピック開《ひら》く

1964《ひとくろうして》年

東京オリンピックが開かれる。

経済《けいざい》が急成長し，アジアではじめてのオリンピックが東京で開かれ，高速道路や東海道新幹線《とうかいどうしんかんせん》がつくられた。

1960年、日米《にちべい》安全《あんぜん》保《ほ》障条約《しょうじょうやく》の改定《かいてい》をめぐってはげしい反対運動がおきた。
アンポ反対！
反対
反対
アンポ反対！
このころになると、家庭にテレビや冷蔵庫《れいぞうこ》などの電気製品《でんきせいひん》が普《ふ》きゅうしはじめ……、
自動車の生産台数も増《ふ》えていった。
日本は高度経済成長時代に入ったのさ。
東京オリンピックにむけて高速道路ができ、ビルが高さを競《きそ》うように建てられた。

関連事項《じこう》

日本の高度経済《けいざい》成長…1950年代後半から1973年の石油危機《きき》まで、日本では重工業を中心に工業が発達し、急速な経済成長をとげた。しかし、この時期に水俣病《みなまたびょう》・四日市《よっかいち》ぜんそく・イタイイタイ病・新潟《にいがた》水俣病などの公害病《こうがいびょう》が発生し、大きな社会問題となった。

くわしく

三種《さんしゅ》の神器《じんぎ》と3Ｃ《さんシー》…1950年代後半に白黒テレビ・電気洗《せん》たく機・電気冷蔵庫《れいぞう》が三種の神器，1960年代後半にカラーテレビ・クーラー・自動車が3Ｃとよばれた。

1964年10月、オリンピック直前に新幹線《しんかんせん》が開通。
年代早覚え
1 9 6 4
特急無視《とっきゅうむし》して
新幹線

10月10日、東京オリンピックが開かれた。

参加94の国と地域、アジアではじめての開さいであり、復興《ふっこう》をとげた日本のようすを世界に示す一大イベントであった。
年代早覚え
1 9 6 4
ひと苦労して
オリンピック開く

大成功《だいせいこう》だったね。

▼高度経済成長期の年代早覚え

●1973年…石油危機《せきゆきき》がおこる

19　73
いくつも波《なみ》来た　石油危機

石油の産地で戦争《せんそう》がおこり，
石油の値段《ねだん》が何倍にもなり，
生産量が減《へ》らされたため，
世界じゅうが大混乱《だいこんらん》した。
日本の高度経済成長もこの
石油危機によって終わった。

くわしく

交通の発達…1964年に東海道新幹線《とうかいどうしんかんせん》（東京《とうきょう》－新大阪《しんおおさか》）が営業《えいぎょう》を始め，翌年《よくねん》に名神《めいしん》高速道路（愛知《あいち》県小牧《こまき》－兵庫《ひょうご》県西宮《にしのみや》），1969年に東名《とうめい》高速道路（東京－小牧）が開通。

関連事項《じこう》

オリンピックと博覧会《はくらんかい》…1964年にアジアで最初のオリンピック（夏季）が東京で開かれ、その後、1972年に北海道《ほっかいどう》の札幌《さっぽろ》（冬季）、1998年に長野（冬季）でも開かれた。また、1970年に大阪《おおさか》で万国《ばんこく》博覧会、1975～76年に沖縄《おきなわ》で国際海洋《かいよう》博覧会が開かれた。

●年代早覚え　昭和時代

祝《いわ》いの一句《1 9》《いっく》 名《7》《な》は《8》平和友好条約《へいわゆうこうじょうやく》

1978《いっくなは》年

日中平和友好条約を結ぶ。

日本は，日中共同声明（1972年）で中国《ちゅうごく》と国交を回復《かいふく》し，両国の関係を深めるため，日中平和友好条約を結んだ。

今日も来ました、この岸ぺきに、そしていいましょ。
沖縄《おきなわ》返せーっ。
沖縄返……。
わかった返す！
沖縄は太平洋戦争《たいへいようせんそう》終結後から日本の独立後も、アメリカの統治《とうち》下に置かれていたが復帰《ふっき》運動が高まり返還交渉《へんかんこうしょう》に成功して本土復帰を果たした。
U.S.A.
復帰記念式
バンザーイ！
●年代早覚え
人苦難《1 9 7 2》《ひとくなん》に負けず
沖縄返還

関連事項《じこう》

領土問題《りょうど》…日本は、第二次世界大戦後にソ連がせん領《りょう》し、現在はロシアがせん領している北方領土《ほっぽうりょうど》（国後島《くなしりとう》・歯舞群島《はぼまいぐんとう》・色丹島《しこたんとう》・択捉島《えとろふとう》）の返還《へんかん》を求めている。また、中国とは尖閣諸島《せんかくしょとう》、大韓民国《だいかんみんこく》（韓国）とは竹島《たけしま》の帰属《きぞく》が外交問題となっている。

参考

日韓基本条約《にっかんきほんじょうやく》…1965年に日本が大韓民国《だいかんみんこく》（韓国）と結び，両国の関係を正常化した。しかし，朝鮮民主主義人民共和国《ちょうせんみんしゅしゅぎじんみんきょうわこく》（北朝鮮）とは現在も国交が開かれていない。

主要人物紹介《しょうかい》

田中角栄《たなかかくえい》（1918〜1993年）…沖縄返還《おきなわへんかん》を実現《じつげん》した佐藤栄作《さとうえいさく》（1901〜1975年）首相《しゅしょう》の退陣《たいじん》後に首相となり、1972年に中国を訪問《ほうもん》して日中共同声明を発表した。「日本列島改造論《れっとうかいぞうろん》」を掲《かか》げるなどして経済《けいざい》の発展《はってん》に取り組んだが、ロッキード事件で逮捕《たいほ》された。

同年9月、首相《しゅしょう》が訪中《ほうちゅう》して日中共同声明を出し、国交を正常化した。
田中角栄《たなかかくえい》
年代早覚え
1972
行《い》くなら二人《ふたり》で中国へ
だれと行くのかな。
中国
これでようやく、
両国の戦争状態《せんそうじょうたい》が終わりましたね。
毛沢東《マオツォトン》
周恩来《チョウエンライ》
記念にパンダをおくられたぞ。
ニーハオ。
1978年、日中平和友好条約が調印された。
年代早覚え
1978
祝いの一句名は平和友好条約
よかったよかった。
そして、これをきっかけに日中間の経済《けいざい》交流が深まっていった。

くわしく

日中関係…日中共同声明で国交を正常化し，中華人民共和国《ちゅうかじんみんきょうわこく》が中国を代表するただ1つの政府《せいふ》と認《みと》めた。さらに友好関係を深めるため，日中平和友好条約《じょうやく》を結んだ。

●年代早覚え

平成時代

1 9 9 5

行《い》くぞ救護《きゅうご》に　大震災《だいしんさい》

1995《いくぞきゅうご》年

阪神《はんしん》・淡路《あわじ》大震災《だいしんさい》がおこる。

淡路島北部を震源《しんげん》とした地震《じしん》によって，多くの建物がこわれ，30万人以上が避難《ひなん》し，6400人をこえる死者がでた。

ゴゴゴゴ
な、なんだ!?
ゴジラのさけびか——!?
うわー、地震だー!!
1995年1月17日午前5時46分、マグニチュード7.2の直下型大地震《だいじしん》が阪神地方をおそった。

関連事項《じこう》

阪神《はんしん》・淡路《あわじ》大震災《だいしんさい》(兵庫《ひょうご》県南部地震《じしん》)…1995年1月17日に発生し、6400人以上が死亡《しぼう》し、25万以上の家屋《かおく》が全半壊《ぜんはんかい》・全半焼《しょう》した。とくに兵庫県の神戸《こうべ》市や淡路島などが大きな被害《ひがい》を受け、密集《みっしゅう》した古い木造住宅《もくぞうじゅうたく》の多い神戸市南部は火災での被害が大きかった。

くわしく

マグニチュード…地震《じしん》そのもののきぼを示す単位。震度は場所によってちがうが，マグニチュードの値《あたい》は１つの地震について１つしかない。

年代早覚え
行《1》く《9》ぞ救《9》護《5》に
大震災

被害《ひがい》は兵庫《ひょうご》県や大阪《おおさか》府を中心に2府12県におよんだ。

死者6400人以上
負傷《ふしょう》者4万人以上
全半壊《ぜんはんかい》住宅《じゅうたく》約25万
一部ほう壊住宅約39万
関東《かんとう》大震災につぐ大さん事となった。

現地で被災者支援《ひさいしゃしえん》のボランティア活動に参加した人は、3か月間でのべ117万人ともいわれる。
1月17日を防災とボランティアの日と定めたよ。

関連事項《じこう》

関東大震災《かんとうだいしんさい》…1923年9月1日、関東地方の南部を中心にマグニチュード7.9の大地震《じしん》がおこり、死者・ゆくえ不明者は10万人以上で、東京《とうきょう》や横浜《よこはま》(神奈川《かながわ》県)などは焼け野原となった。この混乱《こんらん》のなかで、多くの朝鮮《ちょうせん》人・中国人・社会主義《しゅぎ》者などが虐殺《ぎゃくさつ》された。

▼平成のできごとの年代早覚え

●1989年…平成時代が始まる
行《1》く《9》は《8》久《9》《く》遠《おん》の　平成時代

●1990年…東西ドイツが統一《とういつ》される
国を一《1》《ひと》く《9》く《9》り《0》に　東西ドイツ統一

●2001年…アメリカで同時多発テロがおこる
不《2》《ふ》幸が多《00》《おお》い《1》　同時多発テロ

くわしく　ボランティア…社会貢献《こうけん》のために，自分の意思で技能《ぎのう》や時間を提供《ていきょう》すること。阪神《はんしん》・淡路大震災《あわじだいしんさい》では，100万人をこえる日本人ボランティアがかけつけた。

時代のまとめ

○第一次世界大戦～大正デモクラシー

第一次世界大戦《だいいちじせかいたいせん》…サラエボ事件→**第一次世界大戦**→ロシア革《かく》命《めい》→ベルサイユ条約《じょうやく》→**国際連盟《こくさいれんめい》**の設立《せつりつ》。

日本の動き…日英同盟《にちえいどうめい》を理由に連合国側で参戦→中国《ちゅうごく》に21か条の要求→**米騒動《こめそうどう》**→反日運動(五《ご》・四《し》運動など)。

大正デモクラシー…護憲《ごけん》運動→吉野作造《よしのさくぞう》の民本主義《みんぽんしゅぎ》→原敬《はらたかし》の本格的な**政党内閣《せいとうないかく》**→治安維持法《ちあんいじほう》と**普通選挙法《ふつうせんきょほう》**。

大正時代の文化…大衆《たいしゅう》文化，ラジオ放送，武者小路実篤《むしゃのこうじさねあつ》。

○世界恐慌～太平洋戦争

世界恐慌《せかいきょうこう》…アメリカから世界へ→日本も不景気に。

中国しん略《りゃく》と軍部…**満州事変《まんしゅうじへん》**→満州国→五《ご》・一五事件《いちごじけん》→二《に》・二六《にろく》事件→**日中戦争《にっちゅうせんそう》**→国家総動員法→大政翼賛会《たいせいよくさんかい》。

第二次世界大戦《だいにじせかいたいせん》…ドイツがポーランドにしん攻《こう》して開始。

太平洋戦争《たいへいようせんそう》…日独伊《にちどくい》三国同盟→真珠湾攻撃《しんじゅわんこうげき》→太平洋戦争→**広《ひろ》島《しま》**・**長崎《ながさき》**に**原子爆弾《げんしばくだん》**→**ポツダム宣言《せんげん》**を受け入れ降伏《こうふく》。

戦争中の国民…配給制《はいきゅうせい》，学徒動員《がくとどういん》，空《くう》しゅう→**集団疎開《しゅうだんそかい》**。

○日本の民主化～現代日本の課題

連合国軍最高司令官総司令部《れんごうこくぐんさいこうしれいかんそうしれいぶ》(ＧＨＱ《ジーエイチキュー》)…**マッカーサー**が最高司令官。

民主化…満20才以上の男女に選挙権《せんきょけん》，**農地改革《かいかく》**，財閥解体《ざいばつかいたい》，教育基本法，**日本国憲法《けんぽう》**(国民主権《こくみんしゅけん》などが基本原則《きほんげんそく》)。

国際社会への復帰《ふっき》…**サンフランシスコ平和条約《じょうやく》**，**日米安全保《にちべいあんぜんほ》障条約《しょうじょうやく》**→日ソ共同宣言の年に国際連合に加盟《かめい》。

高度経済《けいざい》成長…1950年代中ごろから日本経済が急速に成長→**石油危機《せきゆきき》**で終わる→オリンピック東京大会，公害《こうがい》。

課題《かだい》…北方領土《ほっぽうりょうど》問題，政府開発援助《せいふかいはつえんじょ》，非核三原則《ひかくさんげんそく》など。

年代スピードチェック

	答え
□① **第一次《だいいちじ》世界大戦《せかいたいせん》**が始まったのは何年ですか。	①1914年
□② 米の安売りを求める**米騒動《こめそうどう》**がおこったのは何年ですか。	②1918年
□③ 連合国とドイツが**ベルサイユ条約《じょうやく》**を結んだのは何年ですか。	③1919年
□④ ウィルソンの提案《ていあん》で**国際連盟《こくさいれんめい》**が成立したのは何年ですか。	④1920年
□⑤ **治安維持法《ちあんいじほう》**と**普通選挙法《ふつうせんきょほう》**が成立したのは何年ですか。	⑤1925年
□⑥ アメリカから広がった**世界恐慌《せかいきょうこう》**がおこったのは何年ですか。	⑥1929年
□⑦ 日本軍が**満州事変《じへん》**をおこしたのは何年ですか。	⑦1931年
□⑧ 犬養毅《いぬかいつよし》が暗殺《あんさつ》される**五《ご》・一五事件《いちごじけん》**がおこったのは何年ですか。	⑧1932年
□⑨ 陸軍青年将校《しょうこう》らが**二《に》・二六《にろく》事件**をおこしたのは何年ですか。	⑨1936年
□⑩ 日中両軍のしょう突《とつ》で**日中戦争**が始まったのは何年ですか。	⑩1937年
□⑪ ヨーロッパで**第二次《だいにじ》世界大戦《せかいたいせん》**が始まったのは何年ですか。	⑪1939年
□⑫ 真珠湾攻撃《しんじゅわんこうげき》などを機に**太平洋《たいへいよう》戦争**が始まったのは何年ですか。	⑫1941年
□⑬ 日本が**ポツダム宣言《せんげん》**を受け入れて**降伏《こうふく》**したのは何年ですか。	⑬1945年
□⑭ **日本国憲法《けんぽう》**が**公布《こうふ》**されたのは何年ですか。	⑭1946年
□⑮ 韓国《かんこく》と北朝鮮《きたちょうせん》の間で**朝鮮戦争**がおこったのは何年ですか。	⑮1950年
□⑯ **サンフランシスコ平和条約《じょうやく》**が結ばれたのは何年ですか。	⑯1951年
□⑰ 日ソ共同宣言に調印し，**国際連合《こくさいれんごう》**に**加盟《かめい》**したのは何年ですか。	⑰1956年
□⑱ **オリンピック東京大会**が開かれたのは何年ですか。	⑱1964年
□⑲ アメリカから**沖縄《おきなわ》**が**返還《へんかん》**されたのは何年ですか。	⑲1972年
□⑳ 高度経済成長《こうどけいざいせいちょう》が終わる**石油危機《せきゆきき》**がおこったのは何年ですか。	⑳1973年
□㉑ **日中平和友好条約**が結ばれたのは何年ですか。	㉑1978年
□㉒ **阪神《はんしん》・淡路大震災《あわじだいしんさい》**がおこったのは何年ですか。	㉒1995年

(5)　平安時代に書かれた，清少納言《せいしょうなごん》の作品名（随筆《ずいひつ》）を答えなさい。

(6)　平安時代の貴族の住まいの説明としてふさわしいものを，次の**ア**～**エ**から1つ選び，記号で答えなさい。

ア　炉《ろ》が住居の中心にあり，調理や室内をあたためるために使われた。

イ　縁側《えんがわ》に張り出し，つくり付けの机《つくえ》と障子《しょうじ》のある書斎《しょさい》がつくられた。

ウ　複数の建物が屋根つきの廊下《ろうか》でつながれ，びょうぶなどで室内を仕切って使用した。

エ　1つの建物を，数戸から十数戸に壁で区切って使用した。

(7)　禅宗《ぜんしゅう》文化に密接なかかわりがあるものを，次の**ア**～**オ**から2つ選び，記号で答えなさい。

ア　どちらの方角に外出するのがよいかを占《うらな》うことが流行した。

イ　寺院の入り口に鳥居をつくるようになった。

ウ　石や砂利《じゃり》を使って自然を表現した庭園がつくられるようになった。

エ　さまざまな色を使用せず，墨だけで描いた絵画が広まった。

オ　寺院の内部を金やすかし彫《ほ》りで，華やかに飾《かざ》るようになった。

(8)　明治時代の洋風建築や洋風化について述べた文としてまちがっているものを次の**ア**～**カ**から2つ選び，記号で答えなさい。

ア　外国から建築家が招かれて大学で教え，日本人の中からも洋風建築を設計するものが現れた。

イ　富岡《とみおか》製糸場など官営事業の施設《しせつ》や，官庁，銀行，学校などの建物が，洋風建築で建てられた。

ウ　東京の銀座には燃えにくいレンガで洋風の建物がつくられ，人力車や鉄道馬車が行き来した。

エ　明治時代末期には，東京ではレンガなど木造以外の建築が，木造建築の数を上回るようになった。

オ　開拓使《かいたくし》は西洋をモデルに北海道の開拓を進める一方，アイヌの人々の伝統的な風習を禁止した。

カ　鹿鳴館《ろくめいかん》での宴会《えんかい》や舞踏会《ぶとうかい》を通じて日本の西洋化を内外に宣伝《せんでん》したので，条約改正に成功した。

入試問題にチャレンジ 1

1 次の問いに答えなさい。

（女子学院中学校・改）

(1)　**A**と**B**の絵は，いつの時代の，何を描いたものと考えられますか。あとの**ア**～**カ**から１つずつ選び，記号で答えなさい。

A

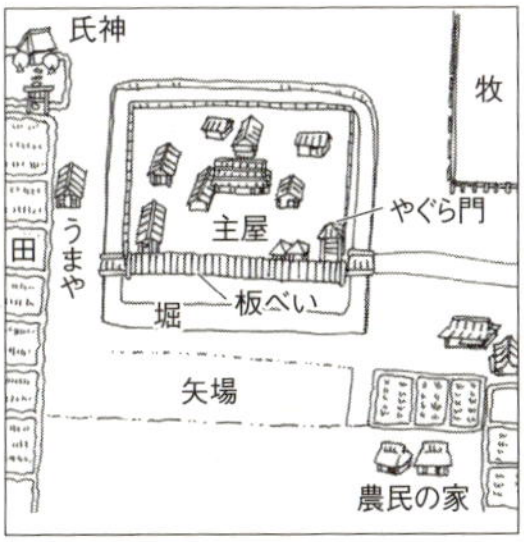

B

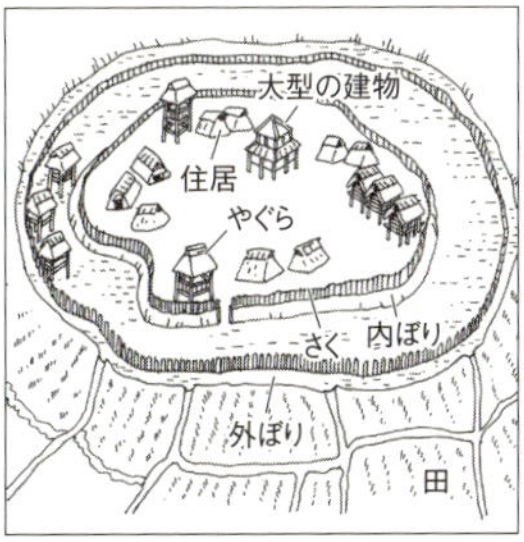

ア　縄文《じょうもん》時代のむら
イ　弥生《やよい》時代のむら
ウ　平安《へいあん》時代の貴族《きぞく》の館とその周辺
エ　鎌倉《かまくら》時代の武士の館とその周辺
オ　室町《むろまち》時代の商家とその周辺
カ　江戸《えど》時代の名主《なぬし》の屋敷とその周辺

A［　　］　**B**［　　］

(2)　縄文時代のくらしのようすを述べた文として正しいものを，次の**ア**～**エ**から２つ選び，記号で答えなさい。

ア　木製の船で周囲の国と取り引きし，鉄器も使用していた。
イ　土器を木の実などの貯蔵にも使用した。
ウ　直径50mをこえる個人の墓が，各地につくられた。
エ　動物の骨でつり針をつくって使用した。

［　　］［　　］

(3)　弥生時代に，稲作のために石でつくられた新しい道具を１つ選んで，名前を答えなさい。

［　　　　］

(4)　律令《りつりょう》国家の時代の仏教寺院の建設について正しいものを，次の**ア**～**エ**から２つ選び，記号で答えなさい。

ア　経典や仏像をおさめた建物は，強度を増すために石積みの壁《かべ》にするのが一般的だった。
イ　仏教を学ぶために，僧が中国にわたり知識の吸収にはげんだ。
ウ　石の土台の上に柱を立て，屋根にはかわらを使用した建物がつくられた。
エ　豊作を願って，飛鳥《あすか》寺や法隆《ほうりゅう》寺が建てられ，農民が参拝《さんぱい》した。

［　　］［　　］

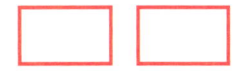

(3) 下線部ｃよりも後におこったできごとを次の**ア**～**オ**からすべて選び，記号で答えなさい。

ア 石橋山《いしばしやま》の戦い　**イ** 奥州《おうしゅう》藤原氏の滅亡　**ウ** 東大寺大仏殿の再建

エ 福原遷都《せんと》　**オ** 源義仲《みなもとのよしなか》の入京

(4) 空欄（ｄ）・（ｇ）・（ｈ）にあてはまる人名を次の**ア**～**カ**からそれぞれ１人ずつ選び，記号で答えなさい。

ア 新井白石《あらいはくせき》　**イ** 鴨長明《かものちょうめい》　**ウ** 松平定信《まつだいらさだのぶ》

エ 吉田兼好《よしだけんこう》　**オ** プチャーチン　**カ** ペリー

ｄ　ｇ　ｈ

(5) 下線部ｅの時期には存在しなかった役職を次の**ア**～**オ**から１つ選び，記号で答えなさい。

ア 関白《かんぱく》　**イ** 管領《かんれい》　**ウ** 執権《しっけん》　**エ** 守護《しゅご》　**オ** 将軍《しょうぐん》

(6) 下線部ｆをつくることを口実として発せられた法令を何といいますか。漢字で答えなさい。

(7) 下線部ｉの前年に結んだ条約によって，日本最初の植民地となった場所はどこですか。漢字で答えなさい。

(8) 下線部ｊについて説明した次の**ア**～**エ**の文のうち正しいものを１つ選び，記号で答えなさい。

ア 東京には1869年に都が移され，1871年の廃藩置県《はいはんちけん》によって東京都となった。

イ 大阪には1901年に大規模な官営の製鉄所が建設され，工業都市として発達した。

ウ アメリカは日本の陸軍記念日にあてて，1945年の東京大空襲《だいくうしゅう》を行った。

エ 大阪万国博覧会《ばんこくはくらんかい》の開催に合わせて，東京・新大阪間に東海道新幹線が開通した。

(9) 下線部ｋの時代の説明として正しいものを次の**ア**～**エ**から１つ選び，記号で答えなさい。

ア 石室に棺《ひつぎ》をおさめるお墓が多くつくられるようになった。

イ 弓矢などで小動物を狩猟《しゅりょう》したり，木の実を採集したりして生活していた。

ウ すでに東北地方の青森県の地域にまで稲作が伝わっていた。

エ 中国から金属器が伝わり，銅鐸《どうたく》など青銅製の祭器がつくられるようになった。

入試問題にチャレンジ ②

1 次の文を読んで，あとの問いに答えなさい。　（豊島岡女子学園中学校・改）

A　『日本書紀』には，ａ679年に，筑紫国《つくしのくに》で約10kmにおよぶ地割れがおきた大地震《じしん》が発生した記事が載《の》せられています。また，近年引き合いに出されるｂ869年の貞観《じょうがん》大地震では津波により東北地方で大きな被害《ひがい》があったことも伝えられています。

B　ｃ平家《へいけ》が滅亡《めつぼう》した年には京都で大きな地震があり，（　ｄ　）はその被害の様子を『方丈記《ほうじょうき》』に記しています。その後，ｅ1498年には鎌倉《かまくら》で大地震があり，広範囲をおそった津波によって鎌倉の大仏殿が倒壊《とうかい》しました。

C　1596年には，豊臣秀吉《とよとみひでよし》が建てた伏見《ふしみ》城やｆ方広寺《ほうこうじ》の大仏が崩壊《ほうかい》する地震がおきました。

D　江戸《えど》時代には富士山が噴火《ふんか》し，関東にも降灰《こうはい》が続いたことが，（　ｇ　）の『折《お》りたく柴《しば》の記』に記されています。幕末《ばくまつ》には安政《あんせい》の大地震がおこり，それによる津波でロシア使節（　ｈ　）の乗った船が沈没《ちんぼつ》しました。

E　ｉ1896年には明治三陸地震がおきましたが，何といっても1923年の関東大震災と1995年の阪神《はんしん》・淡路《あわじ》大震災は，ｊ大都市が大地震に見舞われた震災として記憶に残るところです。

F　その後活断層の研究が進み，長野県茅野《ちの》市の阿久尻遺跡《あきゅうじりいせき》では，ｋ約6000年前におきた地割れで遺構《いこう》が引き裂かれたことがわかっています。

(1)　下線部ａについて，この地域にはこの時期に水城《みずき》や山城《やまじろ》が築かれましたが，それはある戦いが要因となっています。その戦いを何といいますか，答えなさい。

(2)　下線部ｂがおきた９世紀中ごろのできごととして正しいものを，次の**ア**～**エ**から１つ選び，記号で答えなさい。

ア　最澄《さいちょう》や空海《くうかい》が遣唐使《けんとうし》で唐に渡った。
イ　藤原良房《ふじわらのよしふさ》が人臣初の摂政《せっしょう》となった。
ウ　紫式部《むらさきしきぶ》が『源氏物語《げんじものがたり》』を著した。
エ　後世，貞観の治《ち》とたたえられた。

(3)　(　c　)条約は1951年に結ばれて，1952年に発効しました。この条約で日本が領有権を放棄《ほうき》した地域を右の地図のア～キから3つ選び，記号で答えなさい。

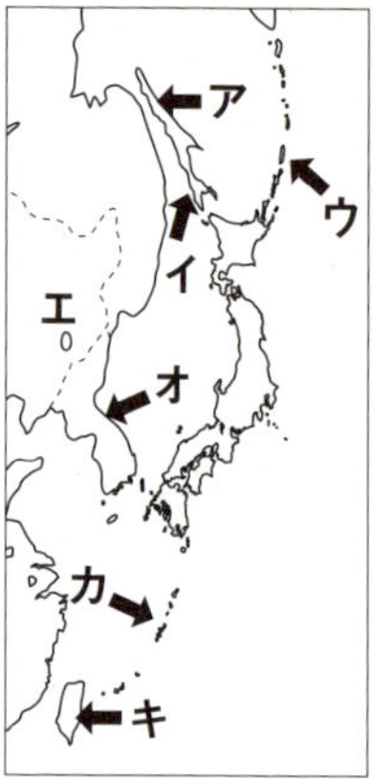

(4)　(　A　)・(　B　)にあてはまる語句を次の**ア～カ**からそれぞれ1つずつ選び，記号で答えなさい。

ア　独立　　**イ**　統一　　**ウ**　復帰
エ　奪回《だっかい》　　**オ**　返還《へんかん》　　**カ**　併合《へいごう》

A　　**B**

(5)　[　d　]にあてはまるできごとを，「琉球が～」に続くように12字以内で答えなさい。

(6)　(　e　)にあてはまる語句を漢字4字で答えなさい。

(7)　下線部 f について，江戸《えど》時代の琉球についてのべた文として誤っているものを次の**ア～エ**から1つ選び，記号で答えなさい。

ア　琉球の政治を監督《かんとく》するために，幕府《ばくふ》は那覇《なは》に倭館《わかん》という役所を置きました。
イ　琉球は清《しん》との貿易を続けることを許され，北海道産のこんぶなどを輸出していました。
ウ　琉球は将軍《しょうぐん》や琉球国王が代わるたびに江戸へ使節を派遣《はけん》しました。
エ　琉球の特産物である黒砂糖《くろざとう》は大阪で売られていました。

(8)　(　g　)条約についてのべた文として正しいものを次の**ア～エ**から1つ選び，記号で答えなさい。

ア　この条約を結ぶ前，幕府はペリーが来たことを朝廷《ちょうてい》に報告し，外様大名《とざまだいみょう》にも意見を述べさせました。
イ　この条約は，ペリーが幕府と浦賀《うらが》で1年間ねばり強く交渉した結果，結ばれました。
ウ　この条約によって函館《はこだて》と神奈川が開港し，アメリカ船が燃料や食料を入手できるようになりました。
エ　この条約によって，アメリカ人が日本でおこした事件を日本の法で裁くことができなくなりました。

入試問題にチャレンジ 3

1 次の文を読んで，あとの問いに答えなさい。 （早稲田中学校・改）

a 琉球《りゅうきゅう》に統一政権ができたのは1429年ですが，それを出発点とするとき，歴史の大きな区切りだと考える年として，1609年，1879年，1945年，1972年などがあります。b 1945年は，日本にとって降伏《こうふく》のときです。1952年は（ c ）条約が発効して，国際法上，沖縄がアメリカの施政権下《しせいけんか》に入ることが決められた年です。1972年は沖縄（ A ）。日本から見ると沖縄（ A ）ですが，沖縄から見ると（ A ）とはいわず，（ B ）といいます。…中略

1609年は［　　　d　　　］年です。…また，1879年は琉球の（ e ），いわゆる「琉球処分《しょぶん》」が行われた年です。これによって沖縄県になりました。

…中略…それに先立って政府は，1872年に琉球国王を東京によんで，琉球を藩《はん》にするといいわたしました。f その前は小さな国でした。国といってもこれは近代のようなかたちではありません。…

ペリーは，1853年に日本の浦賀《うらが》に来る前に琉球に上陸して開国を要求しているのです。翌1854年にペリーは日本と（ g ）条約を結びますが，その帰りには琉球との間で琉米修好条約を結んでいます。

（鹿野政直『歴史を学ぶこと』より）

(1) 下線部aについて，このころの日本本土の文化についてのべた文として正しいものを次の**ア**～**エ**から１つ選び，記号で答えなさい。

ア キリスト教が伝えられ，宣教師によって教会や学校がつくられた。
イ かな文字が発明され，日本古来のことばを自由に表現できるようになった。
ウ 書院造の床《とこ》の間《ま》を飾るために生け花がさかんになった。
エ 農民が行っていた猿楽《さるがく》や田楽《でんがく》が，能や歌舞伎《かぶき》へと発展した。

(2) 下線部bについて，この戦争中のできごととして正しいものを次の**ア**～**カ**から４つ選び，記号で答えなさい。

ア 大学生が徴兵《ちょうへい》され，日本軍に動員されるようになる。
イ アメリカ・イギリス・フランスがポツダム宣言を発表する。
ウ 日本軍が太平洋の島々やインドなどを占領する。
エ 日本軍がミッドウェー海戦で大敗する。
オ アメリカ軍が広島に原子爆弾《げんしばくだん》を投下する。
カ ソ連軍が満州《まんしゅう》や樺太《からふと》南部に攻《せ》めこむ。

(6)　**刀狩《かたながり》**
(7)　**台湾《たいわん》**
(8)　**ウ**
(9)　**イ**

(5)　下線部 e の時期は室町時代である。**ウ**の執権《しっけん》は鎌倉時代の将軍《しょうぐん》の補佐役である。
(7)　1895年に結んだ条約とは，日清《にっしん》戦争の講和条約である下関《しものせき》条約である。この条約で日本は，遼東《リアオトン》《りょうとう》半島・台湾・澎湖《ポンフー》諸島を獲得した。
(8)　**ア**　東京都ではなく東京府である。**イ**　官営の製鉄所とは現在の北九州市につくられた八幡《やはた》製鉄所である。**エ**　東海道新幹線は東京オリンピックにあわせて開通した。

●p.152〜153

1
(1)　**ウ**
(2)　**ア・エ・オ・カ**
(3)　**イ・ウ・キ**
(4)　A　**オ**
　　B　**ウ**
(5)　**(琉球が)薩摩藩《さつまはん》に支配された**
(6)　**廃藩置県《はいはんちけん》**
(7)　**ア**
(8)　**ア**

1
(1)　1429年は室町時代である。**ア**は安土桃山《あづちももやま》時代，**イ**は平安《へいあん》時代である。**エ**の歌舞伎《かぶき》は安土桃山文化の末期以降の芸能である。
(2)　**イ**のポツダム宣言はアメリカ・イギリス・中国の名前で発表された。
(3)　(c)条約とはサンフランシスコ平和条約である。
(5)　15世紀の初め，沖縄本島を尚氏《しょうし》が統一し，琉球《りゅうきゅう》王国が成立した。琉球王国は中継貿易で栄えていた。江戸時代の初めごろ，薩摩藩と中国の両方に従っていた琉球王国は，国王や幕府《ばくふ》の将軍が代わるごとに使節を送ってきた。
(6)　1872年に明治政府は琉球王国を廃止し，琉球藩を設置した。ついで，1879年に廃藩置県を強行し，琉球藩を廃止して沖縄県とした。この一連のできごとは，琉球処分《しょぶん》と呼ばれる。
(7)　**ア**　倭館《わかん》は，朝鮮《ちょうせん》が釜山《プサン》に置いたもので，薩摩藩には琉球館が置かれていた。
(8)　**ウ**　日米和親条約では函館と下田が開港された。**エ**　日米修好通商条約について述べたものである。

入試問題にチャレンジ 解答と解説

●p.148〜149

1

(1) A **エ**
　B **イ**
(2) **イ・エ**
(3) **(例)石包丁**
(4) **イ・ウ**
(5) **枕草子《まくらのそうし》**
(6) **ウ**
(7) **ウ・エ**
(8) **エ・カ**

1

(1) Aの絵は鎌倉《かまくら》時代の武家造《ぶけづくり》のようす，Bの絵は弥生《やよい》時代の吉野ヶ里遺跡《よしのがりいせき》に代表される集落のようすである。

(2) **ア** 鉄器が使われるようになったのは弥生時代である。**ウ** 直径50mをこえる墓とは古墳《こふん》とよばれるもので，古墳時代である。

(4) **エ** 飛鳥寺《あすかでら》や法隆寺《ほうりゅうじ》などに参拝《さんぱい》することが許されたのは天皇《てんのう》の一族や貴族《きぞく》・豪族《ごうぞく》らである。

(5) 清少納言《せいしょうなごん》の『枕草子』と紫式部《むらさきしきぶ》の『源氏《げんじ》物語《ものがたり》』をまちがえないようにしよう。

(6) **イ**は書院造，**ウ**は寝殿造《しんでんづくり》，**エ**は長屋の説明である。

(7) **ア**は平安時代の貴族の間で流行した方《かた》たがえという風習である。**イ**の鳥居《とりい》は神社の入り口にある。

(8) **エ** 明治時代の末期になっても木造建築以外の建物はまだ少なかった。**カ** 鹿鳴館《ろくめいかん》で宴会《えんかい》や舞踏会《ぶとうかい》がさかんに行われても条約の改正は実現しなかった。

●p.150〜151

1

(1) **白村江《はくすきのえ》《はくそんこう》の戦い**
(2) **イ**
(3) **イ・ウ**
(4) d **イ**
　g **ア**
　h **オ**
(5) **ウ**

1

(1) 白村江の戦いに敗れた日本は，新羅《シルラ》《しらぎ》の攻《こう》撃《げき》に備えて水城《みずき》や山城をつくった。

(2) **ア**は9世紀のはじめ，**ウ**は10世紀ごろのことである。**エ**の貞観《じょうがん》の治《ち》は，中国の唐《とう》の時代の政治である。

(3) 平家《へいけ》の滅亡《めつぼう》は1185年である。**イ**の奥州藤《おうしゅうふじ》原《わら》氏の滅亡は1189年，東大寺《とうだいじ》大仏殿の再建は1195年のことである。

区分	年代	できごと・年代暗記・ページ		
平安時代	1086	白河上皇《しらかわじょうこう》が院政《いんせい》を始める	【院政で 一応やむ《1086》なし 白河上皇】	36
	1156	保元《ほうげん》の乱がおこる	【いいころ《1156》 おこった 保元の乱】	41
	1159	平治《へいじ》の乱がおこる	【人々ご苦《1159》労と 平治の乱】	41
	1167	平清盛《たいらのきよもり》が太政大臣《だいじょうだいじん》になる	【清盛が 政権にぎって 人々むな《1167》し】	40
	1180	源頼朝《みなもとのよりとも》が挙兵《きょへい》する	【源氏《げんじ》の 人々《11》 や《8》っと《0》立つ】	41
	1185	壇ノ浦《だんのうら》の戦いで平氏《へいし》がほろびる	【壇ノ浦 平氏の人々敗《1185》戦す】	42
	1185	守護《しゅご》・地頭《じとう》を設置する	【いいやご《1185》めんと 守護・地頭】	43
鎌倉時代	1192	源頼朝が征夷大将軍となる	【いい国《1192》 つくろう 大将軍】	43
	1206	※モンゴル帝国《ていこく》が成立する	【と《1》もにおむ《206》かえ モンゴル帝国】	47
	1221	承久《じょうきゅう》の乱がおこる	【鎌倉の 人に不意《1221》打ち 承久の乱】	44
	1232	御成敗式目《ごせいばいしきもく》が制定される	【一文に《1232》したためた 御成敗式目】	45
	1260	※フビライ=ハンが即位《そくい》する	【人に群れ《1260》ない フビライ皇帝《こうてい》】	47
	1274	元が日本に攻《せ》めてくる（文永《ぶんえい》の役）	【元《げん》の船 とうにな《1274》し 文永の役】	46
	1281	弘安《こうあん》の役がおこる	【元軍は とうに敗《1281》北 弘安の役】	47
	1297	永仁《えいにん》の徳政令《とくせいれい》が出される	【皮肉な《1297》 徳政 御家人《ごけにん》困る】	47
	1333	鎌倉幕府が滅亡《めつぼう》する	【北条《ほうじょう》の 一味さんざん《1333》 幕府滅亡《めつぼう》】	48
南北朝時代	1336	南北朝《なんぼくちょう》時代が始まる	【南朝一味 去ろ《1336》う 吉野《よしの》へ】	49
室町時代	1338	足利尊氏《あしかがたかうじ》が征夷大将軍となる	【いざ 都《1338》へと 足利尊氏】	49
	1378	京都の室町《むろまち》に幕府を移す	【人《1》 みなは《378》なやぐ 室町の御所《ごしょ》】	49
	1392	足利義満《よしみつ》が南朝《なんちょう》と北朝《ほくちょう》を合一《ごういつ》する	【いざ 国《1392》まとめ 南北合一】	50
	1397	足利義満が金閣《きんかく》を建てる	【いざ 急な《1397》工事で 金閣つくる】	52
	1404	明と勘合《かんごう》貿易を始める	【義満の 意志を読《1404》み取る 勘合貿易】	54
	1428	正長《しょうちょう》の土一揆《どいっき》がおこる	【いっしょにや《1428》ろう 正長の土一揆】	59
	1467	応仁《おうにん》の乱がおこる	【人《1》の世むな《467》しき 応仁の乱】	56
戦国時代	1488	加賀《かが》の一向一揆《いっこういっき》がおこる	【意地《14》がはば《88》をきかす 一向一揆】	58
	1489	足利義政《よしまさ》が銀閣《ぎんかく》を建てる	【人《1》々ようやく《489》 銀閣建てる】	60
	1492	※コロンブスがアメリカにとう達する	【意欲に《1492》燃《も》える コロンブス】	64
	1498	※バスコ=ダ=ガマがインド航路を発見	【意欲は《1498》十分 バスコ=ダ=ガマ】	65
	1517	※宗教改革《しゅうきょうかいかく》が始まる	【以後《15》 自由な《17》名で 宗教改革】	65
	1522	※マゼラン船隊が世界一周を達成する	【以後《15》 ニコニコ《22》 太平洋《たいへいよう》回り】	65
	1543	ポルトガル人が鉄砲《てっぽう》を伝える	【以後《15》 予算《43》が増《ふ》えた 鉄砲伝来】	66
	1549	ザビエルがキリスト教を伝える	【以後《15》 よく《49》広まる キリスト教】	68
	1560	桶狭間《おけはざま》の戦いがおこる	【いいころ《156》 お《0》そって 桶狭間】	71
	1573	織田信長《おだのぶなが》が室町幕府をほろぼす	【一言なみ《1573》だの 室町滅亡】	70
安土桃山時代	1575	長篠《ながしの》の戦いがおこる	【鉄砲で 人こなご《1575》な 長篠で】	67
	1577	織田信長が安土《あづち》に楽市《らくいち》・楽座令《らくざれい》を出す	【以後《15》 なな《77》んと 安土を 楽市に】	71
	1582	本能寺《ほんのうじ》の変《へん》がおこる	【行こ《15》うぞ やに《82》わに 本能寺】	71
	1582	豊臣秀吉《とよとみひでよし》が検地《けんち》を始める	【どうでも いいやに《1582》 太閤《たいこう》検地】	73
	1583	大阪城《おおさかじょう》ができる	【以後は《158》 見《3》事な 大阪城】	73
	1588	秀吉が刀狩令《かたながりれい》を出す	【以後《15》 はば《88》 きかす 刀狩】	73
	1590	秀吉が全国を統一する	【一国は《1590》 ついに統一 秀吉さん】	72
	1592	秀吉が朝鮮《ちょうせん》に兵を送る	【異国に《1592》 わたるぞ 朝鮮しん略】	73

歴史年代 164

年表式さくいん

全体のさくいんとして，この年表を活用しましょう。（年代暗記があるものは，すべてのせています。）
※は世界のできごとを表しています。

区分	年代	できごと・年代暗記・ページ
明治時代	1902	日英同盟《にちえいどうめい》を結ぶ 【遠くをにらんで 日英同盟】……110
	1904	日露戦争《にちろせんそう》がおこる 【一つくれよと 日露戦争】……110
	1910	日本が韓国《かんこく》を併合《へいごう》する 【いく十年 日本韓国併合す】……112
	1911	条約改正《じょうやくかいせい》が達成される 【低い位置 小村《こむら》のおかげで 関税回復《かんぜいかいふく》】……114
	1911	※辛亥革命《しんがいかくめい》がおこる 【行く人々も 辛亥革命】……113
大正時代	1914	※第一次世界大戦《だいいちじせかいたいせん》がおこる 【いく人死んだ 第一次大戦】……118
	1915	中国に21か条の要求を出す 【人食い殺す 21か条】……119
	1917	※ロシア革命がおこる 【得意な革命 ロシアの レーニン】……120
	1918	米騒動《こめそうどう》がおこる 【人食いはぐれては 米騒動】……120
	1919	※ベルサイユ条約を結ぶ 【ドイツびくびく ベルサイユ】……122
	1920	※国際連盟《こくさいれんめい》が設立される 【遠くにおよぶか 平和の連盟】……122
	1925	治安維持法《ちあんいじほう》を制定する 【遠くに声する 維持法もある】……125
	1925	普通選挙法《ふつうせんきょほう》が成立する 【行くぞ ニコニコ 普通選挙】……124
昭和時代	1929	※世界恐慌《せかいきょうこう》がおこる 【借金《しゃっきん》が ひどくふくらむ 世界恐慌】……126
	1931	満州事変《まんしゅうじへん》がおこる 【独裁の 道つきすすむ 満州事変】……128
	1932	五《ご》・一五事件《いちごじけん》がおこる 【いくさになるぞ 五・一五事件】……129
	1933	日本が国際連盟を脱退《だったい》する 【引くさっさ 国際連盟 さようなら】……130
	1936	二《に》・二六《にろく》事件がおこる 【ひどく寒い日 二・二六】……131
	1937	日中戦争《にっちゅうせんそう》がおこる 【いくさ長引く 日中戦争】……130
	1939	※第二次世界大戦《だいにじせかいたいせん》がおこる 【いくさ苦しい 第二次大戦】……132
	1940	日独伊三国同盟《にちどくいさんごくどうめい》を結ぶ 【行く寄れ 三国 日独伊】……134
	1941	太平洋戦争《たいへいようせんそう》がおこる 【行くよ いちずに 真珠湾《しんじゅわん》】……134
	1942	ミッドウェー海戦が行われる 【いく世に伝わる ミッドウェー】……135
	1944	本土への空《くう》しゅうが本格化《ほんかくか》する 【人が苦しむ 死の空しゅう】……135
	1945	ポツダム宣言《せんげん》を受け入れる 【解く信号は ポツダム宣言】……135
	1945	女性の参政権《さんせいけん》が認《みと》められる 【行くなら予行を 女性も選挙】……137
	1946	農地改革《のうちかいかく》が行われる 【とくによろこぶ 農地改革】……137
	1946	日本国憲法《けんぽう》が公布《こうふ》される 【とくによろしい 日本国憲法】……136
	1947	教育基本法が制定される 【一句読みなおせ 教育基本法】……137
	1950	※朝鮮戦争《ちょうせんせんそう》がおこる 【行く号令は 朝鮮戦争】……138
	1951	サンフランシスコ平和条約を結ぶ 【行くよ来いよと 講和《こうわ》の会議】……138
	1956	ソ連と国交を回復する 【日ソの国交断絶《だんぜつ》 解くころだ】……139
	1956	日本が国際連合《こくさいれんごう》に加盟する 【行くころになる 国際連合】……139
	1964	東海道新幹線《とうかいどうしんかんせん》が開通する 【特急無視して 新幹線】……141
	1964	東京オリンピックが開かれる 【ひと苦労して オリンピック開く】……140
	1972	沖縄《おきなわ》が返還《へんかん》される 【人苦難に負けず 沖縄返還】……142
	1972	中国と国交を回復する 【行くなら二人で 中国へ】……143
	1973	石油危機《せきゆきき》がおこる 【いくつも波来た 石油危機】……141
	1978	日中平和友好条約《にっちゅうへいわゆうこうじょうやく》を結ぶ 【祝《いわ》いの一句 名は平和友好条約】……142
平成時代	1989	平成《へいせい》の時代が始まる 【行くは久遠の 平成時代】……145
	1990	※東西ドイツが統一《とういつ》される 【国を一くくりに 東西ドイツ統一】……145
	1995	阪神《はんしん》・淡路大震災《あわじだいしんさい》がおこる 【行くぞ救護に 大震災】……144
	2001	※アメリカで同時多発テロがおこる 【不幸が多い 同時多発テロ】……145

▼この本は下記のように環境に配慮して制作しました。
※製版フイルムを使用しないCTP方式で印刷しました。
※環境に配慮して作られた紙を使用しています。

［協力者］

●まんが＝うめだふじお・人見倫平・工藤ケン
●編集協力＝太陽プロジェクト・冬陽社・長谷川健勇・鈴木俊男
●表紙デザイン＝ナカムラグラフ・ノモグラム
●本文デザイン＝西須幸栄
●ＤＴＰ＝明昌堂　データ管理コード：21-1772-1021（CS5）

入試 まんが攻略BON! 歴史年代暗記

⑩